Jonas Kliemke

Unnützes Deutschland-Wissen

Jonas Kliemke

Unnützes Deutschland-Wissen

Vom Knödeldiplom bis zum Fluss, der rückwärts fliesst

riva

Bibliografische Information der Deutschen Nationalbibliothek:
Die Deutsche Nationalbibliothek verzeichnet diese Publikation in der Deutschen Nationalbibliografie; detaillierte bibliografische Daten sind im Internet über http://d-nb.de abrufbar.

Für Fragen und Anregungen:
info@rivaverlag.de

1. Auflage 2018

Nymphenburger Straße 86
D-80636 München
Tel.: 089 651285-0
Fax: 089 652096

Redaktion: Mareike Fallwickl
Umschlaggestaltung: Maria Wittek
Umschlagabbildung: shutterstock.com/LHF Graphics, Julia Waller, owatta, GooseFrol, Natasha Pankina, mhatzapa, Artur Balytskyi
Satz: Carsten Klein, München
Druck: CPI books GmbH, Leck
Printed in Germany

ISBN Print 978-3-7423-0656-2
ISBN E-Book (PDF) 978-3-7453-0230-1
ISBN E-Book (EPUB, Mobi) 978-3-7453-0231-8

Deutschland

Die Deutschen sind die zweitgrößten Bierkonsumenten der Welt. Nur die Iren sind noch verrückter danach.

Auf Satellitenbildern von Berlin bei Nacht ist die Ost-West-Teilung noch erkennbar. Während des Zweiten Weltkriegs wurde der Großteil der Straßenlaternen zerstört. Beim Wiederaufbau gingen Ost und West verschiedene Wege: Die Straßenlaternen Westberlins leuchten in einem bläulichen Licht und matter als die Ostberlins.

Angela Merkel »veschwitzte« den Mauerfall: Als die Mauer fiel, saß sie gerade in der Sauna.

Etwa jeder dritte Deutsche bügelt seine Unterwäsche, schneidet sich die Haare selbst und isst Heiligabend Würstchen mit Kartoffelsalat.

Jeder fünfte Deutsche kommuniziert mit seinem Auto.

31 Prozent der Fläche Deutschlands besteht aus Waldfläche.

Die beliebtesten nationalen Reiseziele sind die Insel Rügen und das Festland der Ostsee.

In Deutschland leben zwölf Millionen Kinder und zwölf Millionen Hauskatzen.

Am 4. März 1929 war der Rhein komplett zugefroren. Am 8. März begann er zu tauen, was vier junge Männer aus dem Ort Unkel zum Anlass nahmen, auf einer Eisscholle über den Fluss nach Köln zu reisen. Ihre Fahrt dauerte elf Stunden. Unterwegs wurden sie überall freundlich gegrüßt und bekamen Spielkarten zum Zeitvertreib geschenkt.

Die Gründer der Sportbekleidungsgiganten Adidas und Puma stammen nicht nur beide aus Herzogenaurach in Mittelfranken, sondern auch aus der gleichen Familie: Sie sind Brüder. Nach einem Streit gingen die beiden Dassler-Brüder auseinander und versöhnten sich bis an ihr Lebensende nicht mehr. Jeder baute für sich ein Sportartikel-Imperium mit Weltruf auf.

Rudi Dutschke hat in seiner dreibändigen Marx-Ausgabe jede Zeile unterstrichen.

Homografen sind Wörter, die in der deutschen Sprache bei gleicher Schreibweise eine unterschiedliche Bedeutung haben. Beispiele sind:

- Beinhaltung
- Staubecken
- Versendung
- umfahren

Die häufigsten Buchstaben in allen deutschen Wörtern sind, in absteigender Reihenfolge: e-n-r-i-s-t-a-l. Das »q« ist der seltenste Buchstabe.

»Public Viewing« ist im Deutschen ein Scheinanglizismus. In den USA bedeutet »public viewing« die Aufbahrung einer Leiche. Weitere Beispiele für Scheinanglizismen sind »Handy« oder »Smoking«.

Die zehn kleinsten Gemeinden Deutschlands sind:

- Gröde, Schleswig-Holstein – 9 Einwohner
- Dierfeld, Rheinland-Pfalz – 10 Einwohner
- Wiedenborstel, Schleswig-Holstein – 11 Einwohner
- Keppeshausen, Rheinland-Pfalz – 15 Einwohner
- Herbstmühle, Rheinland-Pfalz – 19 Einwohner
- Sengerich, Rheinland-Pfalz – 19 Einwohner
- Grothusenkoog, Schleswig-Holstein – 21 Einwohner
- Hamm, Rheinland-Pfalz – 22 Einwohner
- Süderhöft, Schleswig-Holstein – 22 Einwohner
- Heinzenberg, Rheinland-Pfalz – 23 Einwohner

Deutschlands häufigste Familiennamen sind, in absteigender Reihenfolge: Schmidt, Meier und Müller.

München, die südlichste Stadt Deutschlands, liegt (Alaska ausgenommen) nördlicher als alle US-amerikanischen Städte.

Fanta wurde in Deutschland erfunden. Während des Zweiten Weltkrieges war es für die Firma von Coca-Cola in Deutschland nicht mehr möglich, die Inhaltsstoffe für ihr Getränk zu importieren. So entwickelte man in dem deutschen Coca-Cola-Unternehmen ein neues Erfrischungsgetränk, das ohne die Inhaltsstoffe der traditionellen Coca-Cola auskam. Was herauskam, war ein Getränk mit Orangengeschmack – der Vorläufer der heutigen Fanta.

Deutschland wird zweimal von einem Äquator geteilt: den »Weißwurstäquator«, der scherzhaft die Grenze zwischen Bayern und dem Rest von Deutschland markiert, und den »Bratwurstäquator«, der in Thüringen südlich des Rennsteigs verläuft. Hier ist die Bezeichnung wörtlich zu nehmen: Die Thüringer Bratwurst wird südlich des Rennsteigs ohne ganzen Kümmel hergestellt und nördlich mit gemahlenem und ganzem Kümmel.

Bis vor einigen Jahren hatte der Rhein in deutschen Lexika eine Länge von 1320 Kilometern. 2010 fiel dem Biologen Bruno Kremer auf, dass sich in den Sechzigerjahren ein Zahlendreher eingeschlichen hatte: 1320 statt 1230 Kilometer. Er maß selbst nach und kam, je nach Ausgangspunkt, auf 1228 bis 1238 Kilometer.

Das Rhein-Hochwasser 1784 schaffte den bis heute unerreichten Rekordpegel von 13,55 Metern. Normalerweise liegt die Wassertiefe bei unter vier Metern.

Der Mittelpunkt Deutschlands liegt je nach Berechnungsmethode an sieben verschiedenen Orten:

- ☛ nach äußersten Breiten- und Längengraden: in Niederdorla bei Mühlhausen. Die Mittelpunktlinie befindet sich 500 Meter nördlich der Gemeinde;
- ☛ nach Schnittpunktermittlung: in Besse bei Kassel. Die Kennzeichnung ist eine Basaltsäule;
- ☛ nach Schwerpunktermittlung: in Niederdorla bei Mühlhausen, rund 4,5 Kilometer vom geografischen Mittelpunkt entfernt;
- ☛ nach Schwerpunktermittlung – Berechnung zu Land: in Landstreit bei Eisenach; stellvertretend wurde die zehn Kilometer entfernte Wartburg zum Mittelpunkt erklärt;
- ☛ nach Schwerpunktermittlung – Berechnung zu Wasser und zu Land: in Dingelstädt-Silberhausen;

- nach 3-D-Modell: in Krebeck bei Göttingen, etwa ein Kilometer westlich des Ortszentrums wird er markiert durch einen Stein mit Tafel;
- nach Abstand zur Staatsgrenze: in Heiligenstadt-Flinsberg im Eichsfeld – eine Eiche mit Stein und Tafel markiert die Stelle.

Die beliebteste Sehenswürdigkeit Deutschlands ist der Kölner Dom – gefolgt von der Dresdner Frauenkirche, dem Brandenburger Tor, Schloss Neuschwanstein und dem Dresdner Zwinger.

Gemessen an der Zahl der Museen, Theater und Bibliotheken ist Deutschland das Land mit den meisten Möglichkeiten für kulturelle Aktivitäten. Es gibt in Deutschland:

- 6135 Museen,
- 366 Theater,
- 4 Freizeit- und Erlebnisparks,
- 45.000 Tennisplätze,
- 648 Golfplätze,
- 190.000 Kilometer Wandernetz,
- 40.000 Kilometer Radfernwege.

Wenn ein Frankfurter ein Wiener Würstchen und ein Wiener ein Frankfurter Würstchen isst, essen beide das Gleiche. Die in Deutschland als Wiener oder Wienerle bekannten Würstchen heißen in Österreich Frankfurter.

Mehr als die Hälfte der britischen Schulkinder denkt, dass Deutschland das langweiligste Land in Europa ist.

Im Jahr 1953 führte der Bundesgerichtshof das erste Alkohollimit im Autoverkehr auf deutschen Straßen ein. Das Limit betrug 1,5 Promille, was dem Wert von dem Verzehr von mehr als zwei Litern Bier entspricht.

Der reichste Deutsche ist nach Stand 2018 Karl Albrecht jr., Eigentümer von Aldi Süd, mit einem Gesamtvermögen von 19,7 Milliarden Euro.

Deutschland ist das Land der Ingenieure und Denker. Deutsche Erfindungen sind unter anderen:

- der Buchdruck mit beweglichen Lettern (1440)
- das Bier (1516)
- die Vakuumluftpumpe (1650)
- die Homöopathie (1797)
- die Mundharmonika (1821)
- der Papier-Rohstoff (1843)
- die Glühbirne (1854)
- das Telefon (1859)
- das Periodensystem (1864)
- der Dynamo (1866)
- der Kühlschrank (1976)
- die Straßenbahn (1881)
- das Motorrad (1885)
- das Automobil (1886)
- der Plattenspieler (1887)
- die LCD-Technik (1888)
- der Dieselmotor (1892)
- das Aspirin (1897)
- die Zündkerze (1902)

- die Thermoskanne (1903)
- das Brettspiel »Mensch ärgere Dich nicht« (1905)
- die Relativitätstheorie (1905)
- die Zahnpasta (1907)
- die Kleinbildkamera (1925)
- das Tonband (1928)
- der Teebeutel (1929)
- das Fernsehen (1939)
- die Magnetschwebebahn (1934)
- das Düsentriebwerk (1936)
- der Hubschrauber (1936)
- die Kernspaltung (1938)
- der Computer (1941)
- die Currywurst (1949)
- der Scanner (1951)
- das Fax (1956)
- der Dübel (1958)
- die Pille (1961)
- die Chipkarte (1969)
- der Airbag (1971)
- das MP3-Format (1987)
- die Funkarmbanduhr (1993)
- das C-Leg (1997)
- das Ein-Liter-Auto (2002)

Laut Global AgeWatch Index 2014 ist Deutschland nach Schweden und Norwegen das drittbeste Land auf der Erde, um sehr alt zu werden.

Bevor Dolly Buster in Pornos mitspielte, arbeitete sie beim Bundesgrenzschutz, wo sie als Übersetzerin angestellt war.

Bis heute wurden 43 Deutsche mit einem Oscar ausgezeichnet und 81 mit einem Nobelpreis.

Deutschland war das erste Land der Welt, das die Sommerzeit einführte.

Es gibt eine Barbie-Puppe, die Angela Merkel nachempfunden ist.

Der Deutsche küsst im Durchschnitt dreimal täglich.

Der Deutsche hat im Schnitt zweimal die Woche Sex. Das Liebesspiel dauert im Schnitt 17,37 Minuten.

Die beliebteste PIN der Deutschen ist: 1234. Sie ist am leichtesten zu merken und auch am leichtesten zu knacken.

1938 kam in Deutschland die »Hausfrauenschokolade« in den Handel, die Damen gegen schlechte Stimmung helfen sollte. Die Schokolade war mit Pervitin angereichert, das eine ähnliche Wirkung wie Crystal Meth hat. 1942 wurde Pervitin unter das Reichsopiumgesetz gestellt.

22 Prozent der deutschen Kinder haben noch nie ein Reh im Freien gesehen.

In Deutschland tragen rund 400 Menschen den Namen Jesus.

In Deutschland gibt es Wale – manchmal. Im Mai 1966 wurde im Rhein ein Belugawal gesichtet, den die Presse »Moby Dick« nannte. Das Tier sollte mit einem Transportschiff in einen englischen

Zoo gebracht werden, befreite sich aber bei einem Orkan und gelangte in den Rhein. Im Juni wurde er zum letzten Mal beim Erreichen des offenen Meeres gesichtet.

In Berlin regnet es zehn Kilo Taubenexkremente pro Tier und Jahr, und es gibt 40.000 Tiere. 6400 Tonnen Hundekot fallen jährlich in Hamburg an. Zwei Kilo Kot scheiden die Gänse in München täglich aus.

Der höchste Baum Deutschlands heißt Waldtraut vom Mühlwald und steht in Freiburg. Die über 100 Jahre alte Douglasie kommt 2017 auf eine Höhe von 66,58 Metern. Pro Jahr wächst Waldtraut weiter um rund 30 Zentimeter.

Der Airbag in Autos fällt als ein pyrotechnischer Gegenstand in Deutschland unter das Sprengstoffgesetz.

Bei der Europameisterschaft der Frauen 1989 holte die deutsche Nationalmannschaft zum ersten Mal den Titel. Für den Sieg erhielten die Fußballdamen als Prämie je ein Kaffeeservice.

In Deutschland gibt es mehr als 300 verschiedene Brotsorten.

Und es gibt mehr als 1000 verschiedene Arten von Würstchen.

Die Flucht aus dem Gefängnis ist in Deutschland straffrei. Nach dem deutschen Recht ist der Freiheitstrieb ein grundlegender menschlicher Instinkt und jeder hat ein Recht auf Freiheit. Bei der Flucht werden jedoch häufig Straftaten begangen wie Körperverletzung oder Sachbeschädigung, die strafbar sind. Auch die Beihilfe zur Flucht bleibt nicht straffrei.

Deutsche Ehepaare sind rechtlich zur Treue verpflichtet. Wer fremdgeht, riskiert seinen Unterhaltsanspruch.

Nach dem Ersten Weltkrieg gab es in Deutschland so wenige Männer, dass nur eine von drei Frauen einen Mann fand.

Im Zweiten Weltkrieg waren Ferntrauungen erlaubt. Der Bräutigam wurde dabei durch einen Stahlhelm ersetzt.

Bis 1953 verloren deutsche Frauen meist ihre Staatsangehörigkeit, wenn sie einen Ausländer heirateten.

Zwischen 1949 und 1952 saß ein Toter im Deutschen Bundestag: Der als tot geltende vormalige Nationalsozialist Fritz Rößler war ab 1949 unter falschem Namen Mitglied des Deutschen Bundestages für die rechtsgerichtete DKP-DRP und die rechtsextreme SRP.

Richter und Anwälte sind zum Tragen ihrer Amtstracht vor Gericht verpflichtet. Gesetzlich ist weiterhin geregelt, dass unter der Robe ein weißes Hemd zu tragen ist. Nicht gesetzlich geregelt ist, was sich an der unteren Körperhälfte unter der Robe befinden muss. Ein Anwalt kann barfuß erscheinen, nicht aber ohne passende Robe und Hemd.

Auf das Auslösen einer Nuklearexplosion stehen in Deutschland eine Geldstrafe oder bis zu fünf Jahre Gefängnis.

In Deutschland ist es illegal, auf der Autobahn keinen Treibstoff mehr zu haben.

Mit 25,3 Prozent Steigung ist die Oberweißbacher Straße in Deesbach die steilste Straße Deutschlands.

In Deutschland befindet sich der größte Kaltwassergeysir der Welt. In Andernach am Rhein pumpt er alle 100 Minuten eine mächtige Wassersäule bis zu 60 Meter in den Himmel. Das Schauspiel dauert acht Minuten.

Eine unsichtbare Grenze teilt Deutschland: die sogenannte »dat-das-Linie«. Diese von Sprachwissenschaftlern gezogene Linie teilt die Bevölkerung in »das«- und »dat«-Sager. Der Verlauf geht mitten durch Rheinland-Pfalz und kann Dorf für Dorf bestimmt werden.

Die Jeans kommt eigentlich aus Deutschland. Der Erfinder der urtypischen amerikanischen Jeans wurde als Löb Strauß in Bayern geboren und ging erst mit 18 Jahren nach Amerika. Er änderte seinen Namen in Levi und konnte das Patent für die Anbringung von Nieten an den am stärksten belasteten Stellen von Arbeitshosen ergattern.

Der Bad Dürkheimer »Wurstmarkt« gilt auch als das größte Weinfest der Welt und zieht jährlich rund 600.000 Besucher in den Ort mit etwa 18.000 Einwohnern.

In Deutschland findet sich der älteste Wein: Der älteste erhaltene Traubenwein der Welt steht im Historischen Museum der Pfalz in Speyer. Das Gefäß wurde 1867 bei Ausgrabungen entdeckt. Der Inhalt stammt etwa aus dem Jahr 325 nach Christus.

Auch der steilste Weinberg der Welt befindet sich in Deutschland: Der Calmont zwischen Bremm und Ediger-Eller in der Region Mosel hat eine Hangneigung von 60 bis 70 Grad.

Die erste öffentliche Garküche der Welt öffnete 1146 in Deutschland: eine Taverne in Regensburg, heute als Regensburger Würstchenküche (»Wurstkuchl«) bekannt.

Die spektakulärste Achterbahn Deutschlands ist die »Huracan« im Vergnügungspark Belantis. Sie zählt zu den zehn steilsten der Welt. Der knallrote Rollercoaster kombiniert erstmalig einen senkrechten Anstieg auf 32 Meter, den anschließenden freien Fall aus dieser Höhe und insgesamt fünf Überschläge – und das mit einer fünfeinhalbfachen Beschleunigung des eigenen Körpergewichts.

Das »1. Deutsche Bratwurstmuseum« kann man in Holzhausen, Thüringen, besuchen.

Diese Künstler gehören zu den teuersten Künstlern Deutschlands:

- der Maler Gerhard Richter – für seine Arbeit *Domplatz, Mailand (Cathedral Square, Milan)* wurde ein Rekordpreis von mehr als 37 Millionen US Dollar erzielt
- der Fotokünstler Andreas Gursky
- der Maler und Bildhauer Anselm Kiefer
- der Wegbereiter der Neuen Leipziger Schule, Neo Rauch
- der Maler und Bildhauer Georg Baselitz

Der Strandkorb eroberte die Welt von Deutschland aus. Wilhelm Bartelmann (1845–1930), seinerzeit Hof-Korbmachermeister, fertigte 1882 auf Wunsch einer rheumakranken Dame eine Sitzgelegenheit für den Strand an. Im Sommer 1883 eröffnete seine Frau Elise die erste Strandkorbvermietung der Welt in der Nähe des Warnemünder Leuchtturms.

Der Deutsche Otto Lilienthal brachte 1894 mit dem Normalsegelapparat das erste Serienflugzeug der Welt auf den Markt.

Während seiner Geiselhaft spielte Arbeitgeberpräsident H.-M. Schleyer mit seinen RAF-Bewachern »Monopoly« – er verlor.

Der Bahnhof auf dem Brocken ist heute mit 1125 Meter über NN einer der höchstgelegenen Bahnhöfe in Deutschland. Die Spurweite der Brockenbahn beträgt 1000 Millimeter, sie wurde am 27. März 1899 eröffnet.

Die Deutschen übertrugen das klassische quadratische Damespiel auf ein sternförmiges Spielbrett und erfanden damit Halma, das in Amerika als »Chinese Checkers« (chinesisches Damespiel) vermarktet wurde.

Der Deutsche isst im Schnitt 93 Tafeln Schokolade à 100 Gramm im Jahr.

Als 1971 erstmals eine Frau die Fernsehnachrichten vorliest, kommt besonders von Frauen Kritik. Die Nachrichtensprecherin solle sich lieber um ihre Familie kümmern.

Viele deutsche Altenheime sind mit Scheinbushaltestellen ausgestattet. Hier werden Demenzkranke eingesammelt, die versuchen, ihren Weg in ihre ehemalige Umgebung zurückzufinden.

Helau und Alaaf

Der Name »Rosenmontag« hat weder etwas mit der Farbe Rot noch Rosen zu tun. Er bezieht sich auf das Verb »rasen« und symbolisiert als »rasender Montag« die »verkehrte Welt« des Karnevals.

Der Kölner Rosenmontagsumzug ist der größte Deutschlands und zieht sich über sieben Kilometer durch die Innenstadt. Auf dem Kölner Karnevalszug werden 150 Tonnen Süßigkeiten verteilt, über 700.000 Schokoladentafeln, 220.000 Schachteln Pralinen und 300.000 Blumensträuße.

Seit 1823 ist der Rosenmontagszug in Köln Höhepunkt des Karnevals. Bis dahin fanden die größten Feierlichkeiten am Veilchendienstag, also Faschingsdienstag, statt. 1825 startete der erste Rosenmontagszug in Düsseldorf und 1838 in Mainz.

Am Rosenmontag beginnt traditionell das große Krapfenessen. Je nach Region hat das traditionelle Fettgebäck einen anderen Namen:

- Krapfen (Süddeutschland),
- Faschingskrapfen (Mitteldeutschland),
- Kräppel (Berlin),
- Pfannkuchen (in großen Teilen Ostdeutschlands),
- Berliner (in Norddeutschland, Westfalen, Rheinland).

Heilige Weihnacht

8,5 Millionen Lämpchen Weihnachtsdeko leuchten jährlich in Deutschland und verbrauchen 500 Millionen Kilowatt Strom. Damit könnte man 140.000 Haushalte ein Jahr lang mit Strom versorgen.

In Deutschland fangen circa 12.000 Adventskränze und Weihnachtsbäume Feuer. Der Schaden beläuft sich auf etwa 36 Millionen Euro.

Es werden jährlich knapp 300 Millionen Weihnachtsbäume in Deutschland verkauft. Wenn alle diese Bäume an private Haushalte verkauft werden würden, hätte jeder Haushalt 7,5 Bäume zu Hause stehen.

Der Alkoholkonsum der Deutschen steigt im Dezember um 36 Prozent.

An Weihnachten verschenkt jeder Deutsche Geschenke im Wert von durchschnittlich 245 Euro.

Ungefähr jeder fünfte Deutsche macht zu Weihnachten Schulden, um Geschenke kaufen zu können.

10 Prozent der Deutschen wissen nicht, warum Weihnachten gefeiert wird. Trotzdem besuchen zwei Drittel aller Deutschen an Weihnachten einen Gottesdienst – das sind neunmal so viele Kirchenbesucher wie üblich.

Die Justizbehörden der meisten Bundesländer entlassen im Rahmen der Weihnachtsamnestie Strafgefangene einige Tage oder

Wochen früher, die ihre Zeit ohnehin um den Jahreswechsel abgesessen hätten. Bundesweit gesehen entlässt Nordrhein-Westfalen die meisten Gefangenen vorzeitig. Bayern und Sachsen gewähren hingegen keine Weihnachtsamnestie.

Durchschnittlich beschenken Deutsche sechs bis sieben Personen.

Nur 54 Prozent der Deutschen erhalten Weihnachtsgeld.

Im Jahr 2013 wurden mehr als 25.000 Tonnen Weihnachtsbäume nach Deutschland importiert.

Deutschlands meistverkaufter Weihnachtsbaum, die Nordmanntanne, stammt eigentlich aus dem Kaukasus und wird auch Kaukasus-Tanne genannt. Benannt wurde sie nach dem finnischen Biologen Alexander von Nordmann und hat nichts mit den Wikingern, den »Nordmannen«, zu tun.

Der erste Weihnachtsbaum wurde erstmals 1531 erwähnt und wurde angeblich von Martin Luther im Haus aufgestellt und mit Kerzen geschmückt.

Die Deutschen haben den künstlichen Weihnachtsbaum erfunden, der aus gefärbten Gänsefedern bestand.

Der größte Schneemann Deutschlands war 12,65 Meter hoch und wurde im Februar 2015 in Bischofsgrün errichtet. Der Umfang des Schneemanns betrug 29,80 Meter und er hörte auf den Namen Jakob.

»Früher war mehr Lametta!«, stellte bereits 1978 Opa Hoppenstedt in Loriots »Weihnachten bei Hoppenstedts« fest.
Fast 40 Jahre später bewahrheitet sich dieser Satz. Die Firma Riffelmacher und Weinberger stellte 2016 die Produktion der silbernen Metallstreifen ein. Sie war die letzte deutsche Firma, in der Lametta hergestellt wurde.

Berlin

Der geografische Mittelpunkt Berlins befindet sich nicht in Berlin-Mitte, sondern in einem Gebüsch in Kreuzberg.

Es gibt ein Kartenspiel, das sich um die Pannenserie des Flughafens Berlin mit dem Kürzel BER dreht: das BER-Pannen-Quartett. Kategorien sind Pannendatum, Stümperhaftigkeit, Steuerkosten und Shitstorm-Faktor. Zudem gibt es den Wowi-Joker, der verdoppelt die Baukosten.

Die Thusnelda-Allee ist mit 50 Metern Länge die kürzeste Allee Berlins. Benannt wurde die Allee nach der Frau des Cheruskerfürsten Arminius: Thusnelda. Sie war schon einem anderen Mann versprochen gewesen, hatte sich dann aber kurzerhand von einem Feind ihres Vaters, Arminius, entführen und heiraten lassen. Das brachte der »Tussi« die Hauptrolle in Kleists »Hermannsschlacht« ein und ist auch der Ursprung für die heute gebräuchliche Bezeichnung.

Eine gängige Abschiedsfloskel in Berlin zur Zeit des Zweiten Weltkriegs war »Bleibe übrig!«

Die kürzeste Straße Berlins ist die Eiergasse. Sie ist seit der Umstrukturierung des Nikolaiviertels nur noch 14 Meter lang und hat einen einzigen Anlieger. Den Namen verdankt die Straße dem Umstand, dass sich in früheren Zeiten hier tatsächlich DER Eierumschlagplatz Berlins befand.

Die schwedische Modellbauerin Eija-Riitta Wallis Winther Arja Nikki Lee Eklöf verliebte sich als bekennende Objektsexuelle in die Berliner Mauer, welche sie am 17. Juni 1979 in einer Zeremonie auch heiratete. Fortan nannte sie sich Eija-Riitta Eklöf-Berliner-Mauer. Seit dem 9. November 1989 sieht sich Eklöf-Berliner-Mauer als Witwe an, da an diesem Tag die Berliner Mauer zerstört wurde.

In Berlin sind noch einige Exemplare des sogenannten Café Achteck zu finden: Dabei handelt es sich um öffentliche Pissoirs mit achteckigem Grundriss, die Platz für sieben Männer bieten.

1941 wurde in Berlin ein 40.000 Tonnen schwerer Belastungskörper gegossen, um zu sehen, ob der Boden massive Bauten, wie sie für Hitlers »Germania« geplant waren, aushält. Der Belastungskörper steht heute an der General-Pape-Straße und soll inzwischen 20 Zentimeter eingesunken sein.

Am Entenschnabel im Norden Berlins bildete die Berliner Mauer einen eigenartigen Verlauf: Die Stichstraße »Am Sandkrug« der brandenburgischen Gemeinde Glienicke/Nordbahn ragt als schmaler Streifen – ähnlich einem Schnabel – von Ost nach West in das Berliner Gebiet hinein.

Der schnellste Fahrstuhl Europas fährt mit 8,65 Metern pro Sekunde oder 31,14 Kilometer pro Stunde im Kollhoff-Tower am Potsdamer Platz. Der Tower ist ein 25-stöckiger Shopping- und Büroturm im Stil früher US-Hochhäuser.

Das erste Nummernschild in Berlin war IA-1: I stand für Preußen und A für Berlin. Das Gefährt war eine Motorkutsche von Daimler und wurde vom Kaufhausbesitzer Rudolph Hertzog zugelassen. Das Nummernschild musste er sich vor Gericht erstreiten, denn Kaiser Wilhelm II wollte ebenfalls die Nummer 1 als Kennzeichen haben. Hertzog gewann.

Die ersten Toten beim Abwurf der ersten Bombe auf Berlin im Zweiten Weltkrieg waren die einzigen Elefanten des Berliner Zoos.

Die Redewendung »Durch die Lappen gehen« kommt aus Berlin: Im Tiergarten wurden sogenannte Lederlappen von Bediensteten des Kaisers gehalten, um einen kleinen Bereich abzugrenzen, damit der Kaiser bei seiner Jagd möglichst erfolgreich war. Entkam ein Tier durch diese Lederlappen, »ging es einem durch die Lappen«.

Die Berliner Band Puppetmastaz besteht ausschließlich aus Handpuppen. Bei Auftritten der Hip-Hopper sind auf der Bühne nur die Puppen zu sehen.

Im Tilla-Durieux-Park am Potsdamer Platz stehen die längsten Wippen Europas. Die fünf Wippen sind 21 Meter lang und wiegen je 3,5 Tonnen. Der Stückpreis der Wippen betrug 27.000 Euro. Da die Wippen aufgrund ihrer Länge nur vier Personen aushalten, sind sie nun nach mehrmaliger Reparatur am Boden festgeschraubt.

Es gibt 51 offiziell registrierte Schweine in Berlin. Fragt man die Berliner, sind es jedoch weitaus mehr.

Um 1750 wurden im Rahmen der Umgestaltung des Tiergartens überlebensgroße Sandsteinfiguren aufgestellt. Dabei handelte es sich um Götterfiguren, die von den Berlinern »Puppen« genannt wurden. Die genaue Anzahl ist nicht bekannt, es sollen zwischen 12 und 16 Stück gewesen sein. Spaziergänge vom Brandenburger Tor bis zu den Puppen zogen sich ziemlich in die Länge, weshalb schon bald der geflügelte und bis heute gebräuchliche Ausspruch entstand, etwas »geht bis in die Puppen«.

Offiziell gibt es 916 Brücken in Berlin. Venedig hat 500.

Die Hausnummern 1 bis 10 gibt es nicht auf dem Ku'damm.

Der Fernsehturm am Alexanderplatz wurde zunächst auf einem bewaldeten Hügelzug im Südosten Berlins, im Bezirk Treptow-Köpenick, gebaut. Nach 31 gebauten Metern stoppte man den Bau jedoch, weil jemandem aufgefallen war, dass die geplanten 130 Meter eine Gefahr für die Flugzeuge beim Anflug auf den Flughafen Schönefeld bedeutet hätten.

Die ersten deutschen Filmaufnahmen aus dem Jahr 1892 stammen von den Brüdern Emil und Max Skladanowsky. Die Aufnahmen machten sie mit ihrer »Kurbelkiste«, abgespielt wurden sie auf einem Biskop-Projektionsapparat. Die Technik der Brüder setzte sich nicht durch, aber im ehemaligen Jugoslawien und in den Niederlanden wird heute noch das Kino als »Biskop« bezeichnet.

Bei seiner Eröffnung 1844 war der Zoologische Garten Berlin der erste Zoo in Deutschland. Möglich wurde er, weil der Zoologe Martin Hinrich Lichtenstein Friedrich Wilhelm IV dazu überredete, ein Darlehen zu geben und dem Zoologischen Garten einen Teil seiner Fasanerie kostenlos zu überlassen.

Den Zweiten Weltkrieg überlebten nur 91 von 3715 Zootieren.

Mit 19.000 Quadratmetern hat das Bundeskanzleramt etwa die vierfache Nutzfläche des Weißen Hauses. Außerdem hat es 13 Wintergärten.

Hertha BSC ist mit knapp 30.000 Mitgliedern der größte Verein Berlins. Die erste Spielstätte des Vereins war der heutige Mauerpark, der damals noch »Exerzierplatz zur einsamen Pappel« hieß. Spielfeldmarkierungen und Tore mussten von den Mannschaften selbst mitgebracht werden.

In den Sommern 1994, 2000 und 2001 konnte man beobachten, wie zwischen dem Müggelsee und der Dahme-Mündung das Wasser flussaufwärts floss: Der extrem niedrige Wasserstand ließ einen Sog entstehen, der dies möglich machte.

Das kleinste Haus Berlins steht in der Oranienstraße 46 in Kreuzberg auf einem 48 Quadratmeter großen Grundstück. Es hat drei Stockwerke mit jeweils 32 Quadratmetern.

Peter Lustig war Toningenieur und für den Ton bei der Aufnahme von John F. Kennedys Rede »Ich bin ein Berliner« zuständig.

Der Berliner Zoo ist der artenreichste Zoo der ganzen Welt.

2007 wollte David Lynch mit dem Guru Raja Emanuel Schiffgens auf dem Teufelsberg eine »Universität des unbesiegbaren Deutschland« errichten. Mittlerweile ist der Teufelsberg offiziell als Waldgebiet ausgewiesen und darf nicht mehr bebaut werden.

Ein Ortsteil von Seedorf im Kreis Segeberg heißt Berlin. Passend dazu gibt es Straßen mit den Namen »Unter den Linden« und »Kurfürstendamm«.

Schon in den 1920er-Jahren machte sich in den Berliner Straßen ein Parkplatzmangel bemerkbar. Deshalb erfand Engelbert Zaschka den Zaschka-Threewheeler, ein Auto, das man innerhalb von 20 Minuten in drei Teile zerlegen und mit in die Wohnung nehmen konnte.

Die Berliner Ortszeit liegt um sechs Minuten und 22 Sekunden hinter der Mitteleuropäischen Zeit.

Berlin, deine Weine. Es gibt einen Kreuzberger Wein (Kreuz-Neroberger), jährlich etwa 250 Liter, und ein Wilmersdorfer Teufelströpfchen (etwa 200 Liter). Ungefähr 200 Flaschen kommen pro Jahr von einem Weinberg im Humboldthain. Da Berlin jedoch kein Weinbaugebiet ist, müssen die Reben nach der Ernte zu einem zugelassenen Kelter im Süden gefahren und danach wieder nach Berlin gebracht werden.

An der Außenwand des deutschen Marken- und Patentamtes in Berlin hängen sieben Briefkästen, für jeden Wochentag einer. Da immer nur der entsprechende Briefkasten geöffnet ist, kann genau festgestellt werden, wann welcher Patentantrag eingeworfen wurde.

Der Berliner Konrad Zuse entwickelte im Jahr 1941 die Z3, den ersten funktionsfähigen Digitalrechner der Welt.

Bei den Olympischen Sommerspielen 1936 in Berlin trugen zwei Länder die gleiche Flagge: Das Fürstentum Liechtenstein und

Haiti hatten zwei gleich große horizontale Streifen, oben blau und unten rot. Kurzerhand fügten die Liechtensteiner ihrer Flagge einen kronenähnlichen Fürstenhut zu – und so sieht die Flagge bis heute aus.

Im Reichstag in Berlin hängt, wie auch zuvor im Bundestag in Bonn, der Bundesadler. Er weist jedoch im Gegensatz zu seinen Bonner Vorgängern fast keine Asymmetrien und Lücken im Gefieder auf. Diese waren den Bonner Exemplaren absichtlich verpasst worden, um die Abgeordneten an die eigene Unvollkommenheit zu erinnern und zur Bescheidenheit zu mahnen.

Aus einer Fabrik in Berlin Reinickendorf kommen täglich bis zu 2,5 Millionen Tiefkühlpizzen. Das macht die Freiberger Lebensmittel GmbH zu einer der größten Pizzafabriken Europas.

Am 21. Juli 1990 fand vor über 300.000 Zuschauern auf dem Potsdamer Platz das weltweit einzige Konzert statt, dessen Bühne auf zwei verschiedenen Staaten stand. Es war das Konzert »The Wall« von Pink Floyd.

Seit 1988 findet (mit Pausen) jährlich auf der Oberbaumbrücke die Gemüseschlacht zwischen Kreuzberg und Friedrichshain statt. Die Gegner bewerfen sich dabei mit fauligem Gemüse und versuchen, die Bewohner des anderen Ortsteils zurückzudrängen und diesen so zu erobern. Friedrichshain bezeichnet Kreuzberg dabei als »Unterfriedrichshain« und Kreuzberg nennt Friedrichshain »Ostkreuzberg«. Durch die Eroberung soll das Viertel wieder geeint werden. Zusätzlich forderte Friedrichshain auch schon die Unabhängigkeit von Berlin und der Bundesrepublik Deutschland sowie den Austritt Groß-Friedrichshains aus der NATO.

Der Hauptbahnhof Berlin ist der größte Turmbahnhof Europas.

Berlin ist mit 892 Quadratkilometern Fläche fast neunmal so groß wie Paris.

In der Tegeler Straße 36–37 steht ein Automat, an dem man lebende Maden kaufen kann. Ursprünglich für Hobbyangler aufgestellt, die am Wochenende ihre Angeln bestücken wollen, kaufen inzwischen auch Nicht-Angler hier ein, um die Vögel auf ihren Balkonen zu füttern.

In Berlin gibt es noch mehr kuriose Automaten: DHL-Automaten, an die man sein Päckchen schicken lassen kann, einen Dreckwäsche-Automaten, an dem man die Wäsche jederzeit abgeben und zwei Stunden nach Ladenöffnung wieder abholen kann, sowie einen Automaten für Werkzeug und andere nützliche Dinge wie Batterien oder Sicherungen. Der steht in Niederschönhausen in der Hermann-Hesse-Straße 4 und wird von Günter Menge betrieben.

Vor 200.000 Jahren war das Gebiet von Berlin ein See.

Die öffentlichen Verkehrsmittel bewegen sich auf 2325 Kilometern U-Bahn-, S-Bahn-, Tram- und Buslinien, zusätzlich gibt es 180 Kilometer befahrbares Wasser.

Der Berliner Tiergarten ist größer als Monaco.

Die berühmte Sarotti-Schokolade samt Sarotti-Mohr kommt aus Kreuzberg: Bis 1921 war die Herstellung in den Sarotti-Höfen in Kreuzberg angesiedelt. Als die Gebäude zu klein wurden, zog man innerhalb Berlins um. Heute sind in den Sarotti-Höfen ein Hotel, ein Café, Eventagenturen sowie die Ateliers zahlreicher Künstler untergebracht.

Auf der Pfaueninsel wurden in den 1960er-Jahren Außenaufnahmen für verschiedene Edgar-Wallace-Filme gedreht wie »Die Tür mit den sieben Schlössern« (1961), »Neues vom Hexer« (1965), »Der Mönch mit der Peitsche« (1967), »Der Hund von Blackwood Castle« (1967/1968), »Im Banne des Unheimlichen« (1968) und »Der Gorilla von Soho« (1968). 2005 diente die Pfaueninsel als Kulisse für »Verliebt in Berlin«.

Weltweit existieren knapp 120 Städte mit dem Namen Berlin. Darunter ein Berlin in New Jersey, das aus administrativen Gründen in Berlin und West Berlin geteilt ist, Berlin in Maryland, wo Julia Roberts sich als Braut nicht traute, und ein Berlin in den Anden auf 4000 Metern Höhe.

Berühmte Berliner und wie sie wirklich heißen:

Bela B	Dirk Felsenheimer
Blixa Bargeld	Christian Emmerich
Willy Brandt	Herbert Frahm
Bushido	Anis Mohamed Youssef Ferchichi
Horst Evers	Gerd Winter

Hans Fallada	Rudolf Ditzen
Dieter Thomas Heck	Carl Dieter Heckscher
Harald Juhnke	Harry Heinz Herbert Juhnke
Roland Kaiser	Roland Keiler
Joachim Ringelnatz	Hans Bötticher
Rio Reiser	Ralph Christian Möbius
Sido	Paul Hartmut Würdig

Das erste öffentliche Verkehrsmittel waren Pferdekutschen, die König Friedrich im Jahr 1740 spendete. Auflage war allerdings, dass die Fahrer an bestimmten Plätzen stehen und gegen Bezahlung Fahrgäste befördern mussten.

Es gibt insgesamt etwa 340.000 echte Ossis in Berlin. Das ist nur jeder zehnte Einwohner.

Die Berliner Fleischerinnung hat die Patenschaft für den Leberwurstbaum (eine Pflanzenart aus der Familie der Trompetenbaumgewächse) im Botanischen Garten in Berlin übernommen.

Von Mai bis September 1945 gingen in Berlin die Uhren zwei Stunden vor. Es galt die Moskauer Zeit.

Als Kennedy seine berühmten Worte sprach, hatte er sich auf seinem Notizzettel notiert: »Ish bin ein Bearleener«. Außerdem stand noch auf dem Zettel (ohne dass er es aussprach): »Lusd z nach Bearleen comen« – Lasst sie nach Berlin kommen!

Reagans berühmter Satz aus seiner Rede im geteilten Berlin »Mister Gorbatschow – tear down this wall!« sollte verhindert werden. Kurz vor Beginn der Rede schickte das US-Außenministerium geänderte Entwürfe, in denen der Satz gestrichen worden war, um die Russen nicht zu verärgern. Reagan winkte jedoch ab: »Ich weiß, dass mich die Jungs im Außenministerium dafür umbringen, aber es ist einfach richtig so.«

Die SOS-Morsezeichen stammen aus Berlin. Bei der internationalen Funkkonferenz 1906 einigten sich die Teilnehmer auf die bekannte Kombination als weltweit gültiges Notrufzeichen.

Bei Übertragungen vom Mauerfall sind die Bilder ausgelassener Menschen, die sich in den Armen liegen und Sektflaschen schwenken, besonders in Erinnerung geblieben. Viele der Sektflaschen hatte damals der Sender CNN verteilt, um schönere Bilder machen zu können.

In Berlin fallen jeden Tag über 50 Tonnen Hundekacke auf die Straße.

In Spandau gibt es ein Kriegerdenkmal für Tauben: Es erinnert an die Leistungen der Brieftauben im Ersten Weltkrieg.

München

Das kürzeste Skirennen der Welt findet im Münchner Olympiapark statt: Die Spitzensportler sammeln ihre Weltcup-Punkte auf einer lediglich 200 Meter langen Parallelslalomstrecke.

In München gibt es 180 Biergärten.

Im Wirtshaus in der Au kann man einen »Königlich bayrischen Knödelkochkurs« belegen und ein Knödeldiplom erlangen.

Der Name München stammt von *apud Munichen* ab, was »bei den Mönchen« bedeutet.

Als erstes Stadion in Deutschland hatte das Olympiastadion in München eine Rasenheizung.

Als im Stadion in der Grünwalder Straße in München einen Tag vor einem Heimspiel des FC Bayern die Haupttribüne abbrannte und mit ihr die Kabine des Stadionsprechers, setzte der FCB den Stadionsprecher kurzerhand in einen freien Raum im Keller. Ohne Sicht aufs Spielfeld.

Die McDonald's-Filiale am Stachus (Karlsplatz) in München ist seit vielen Jahren die umsatzstärkste in Deutschland. Weltweit zählt sie zu den Top Ten. Die erste Münchner Filiale wurde in Giesing eröffnet.

In München befindet sich beinahe jeder Haushalt innerhalb von einem 400-Meter-Radius zu einer U-Bahn-, Bus- oder Trambahn-Haltestelle.

Am 11. Februar 1956 registrierte das Wetteramt in der Innenstadt 25 Grad unter Null.

1929 musste der Auer Mühlbach trockengelegt werden, um ein 20 Kilogramm schweres südamerikanisches Wasserschwein einzufangen, das aus dem Tierpark Hellabrunn ausgebüxt war.

In der Allianz Arena wird im Schnitt jedes Jahr der Rasen neu verlegt, das kostet jedes Mal 100.000 Euro und dauert zweieinhalb Tage.

Das beliebte Trinklied:
Ein Prosit, ein Prosit der Gemütlichkeit
Ein Prosit, ein Prosit der Gemütlichkeit
Oans – zwoa – g'suffa!
wurde von einem Preiß'n, dem Chemnitzer Komponisten Bernhard Dittrich, verfasst.

Die Hinterseite des Bayerischen Landtages ist mit modernen Neubauten versehen, in denen Studenten untergebracht sind: Stipendiaten der Stiftung Maximilianeum.

Die Gehenkten baumelten am Galgenberg, der sich an der heutigen Landsberger Straße auf Höhe der Hackerbrücke befand.

Im Münchner Hofbräuhaus gib es einen Maßkrugsafe. Es handelt sich dabei um eine offene Metallkonstruktion, in denen Stammgäste ihre zum Teil antiken Krüge mit einem Vorhängeschloss gesichert deponieren können. Die Fächer sind heiß begehrt, kommen doch auf etwa 3500 Stammgäste lediglich 505 Tresore.

Die Fernsehserie »Lindenstraße« spielt in München, wird aber in Köln gedreht – genau andersherum läuft es bei »Marienhof«: Das fiktive Viertel befindet sich in Köln, gedreht wird aber in den Bavaria Filmstudios.

In München gibt es frei lebende Kaninchen, Füchse, Biber, Rehe und sogar Wildschweine. Und es gibt Stadtjäger. Die gehen allerdings meist mit Greifvögeln und Frettchen auf die Pirsch, Gewehre kommen nur in Ausnahmefällen zum Einsatz.

Am 1. März 1844 zogen etwa 2000 Menschen randalierend durch die Münchner Innenstadt, stürmten Brauereien und zerstörten alles, was ihnen im Weg stand. Das Militär zeigte sich solidarisch und griff nicht ein. Kein Wunder: König Ludwig I. hatte den Bierpreis um einen Pfennig erhöht. Am 5. März lenkte König Ludwig I. ein und nahm die Bierpreiserhöhung zurück.

Albert Einstein hat als Lehrling in der Elektrofirma seines Vaters und seines Onkels gearbeitet. Diese Firma war für das erste elektrische Licht auf dem Münchner Oktoberfest verantwortlich, und so drehte Albert Einstein als Hilfsarbeiter im Jahr 1896 im Schottenhamel-Festzelt die Glühlampen ein.

Die Münchner haben einen eigenen Bund von Verschwörungstheoretikern: die Guglmänner. Sie tragen schwarze Kutten und sind der Überzeugung, dass König Ludwig II., der »Kini«, am 13. Juni 1886 nicht im Starnberger See ertrunken ist, sondern ermordet wurde.

Die von Franz Josef Strauß geplante Bayerische Staatskanzlei im Münchner Hofgarten ist mit ihren 8800 Quadratmetern nur halb so groß geworden wie ursprünglich gedacht, aber immerhin noch doppelt so groß wie das Weiße Haus.

In München gibt es die erste und bisher einzige schwule Schuhplattlergruppe der Welt: D'Schwuhplattler.

Das Lieblingsbier der Band Mötley Crüe ist das Münchner Löwenbräu. Als Loyalitätsbekundung gegenüber der Brauerei hat »Mottley Krew« kurz nach der Gründung im Jahr 1981 zwei Umlaute in den Namen übernommen und sich in »Mötley Crüe« umbenannt.

München ist die Gründungsstadt der International Grand Lodge of Druidism.

Der 1952 in München verstorbene Architekt und Kulturphilosoph Herman Sörgel plante eine teilweise Trockenlegung des Mittelmeeres zur Bildung des neuen Kontinents »Atlantropa«, bestehend aus Afrika und Europa.

Auf dem Deckenfresko der Heilig-Geist-Kirche am Viktualienmarkt ist eine Brezel.

Die Einnahmen der Stadt durch Falschparker belaufen sich auf circa 10,5 Millionen Euro.

Die Dienstumkleidekabinen der Polizeiinspektion am Prinzregentenplatz befinden sich im ehemaligen Schlafzimmer Adolf Hitlers.

Klassische Musik beruhigt, das wissen auch die öffentlichen Verkehrsbetriebe München: In den U-Bahnhöfen am Goethe- und

Odeonsplatz läuft seit dem Jahr 2000 eine 300 Minuten lange Schleife aus Klassikstücken.

Zufall? Eine gedachte Linie zwischen der Frauenkirche und dem Turm der Heilig-Geist-Kirche führt genau nach Mekka.

Der erste namentlich bekannte Henker Münchens hieß Magister Haimpert, lebte im 14. Jahrhundert und seine erste Amtshandlung bestand darin, seinen Vorgänger zu exekutieren.

Die erste Amtshandlung, die Uli Hoeneß als Manager des FC Bayern München vollzog, war, seinen Bruder Dieter als Spieler zu verpflichten.

Bereits 1447 wurde in München festgelegt, dass das Bier lediglich Gerste, Hopfen und Wasser enthalten soll. Das Ganze diente dem Kampf gegen Drogen: Im damaligen Deutschland war es gang und gäbe, dem Gerstensaft Bilsenkraut, Porst, Schlafmohn, Muskatnuss, Tollkirschen oder Wermut – allesamt psychoaktive Gewächse – hinzuzufügen.

Der Englische Garten gehört mit seinen 375 Hektar zu den größten Parkanlagen der Welt.

Lou Reed und seine Ehefrau Laurie Anderson lernten sich 1992 in München kennen.

Der Gastraum des Café Jasmin in der Steinheilstraße 20 wurde seit 1955 nicht verändert. Das Bayerische Landesamt für Denkmalpflege hat die gesamte Innenausstattung unter Denkmalschutz gestellt.

Von 1960 bis 1962 war Toni Netzle die Wirtin der traditionellen Künstlerkneipe Alter Simpl. In dieser Funktion wollte sie Robert De Niro hinauswerfen, weil sie ihn für einen Obdachlosen hielt. Udo Lindenberg warf sie tatsächlich raus – weil er mit Rollschuhen hineinfuhr. Und Franz Josef Strauß hatte monatelang Hausverbot.

Seit in der Sonnenstraße, einer gebogenen Straße, viele Klubs eröffnet haben, wird sie von der Münchner Polizei »Feierbanane« genannt.

In der Brunnstraße gibt es den ersten Beautysalon für Mädchen ab fünf Jahren, den Monaco Princesse.

Am 24. August 1972 stibitzte Franz Samuel von einem Träger der olympischen Fackel das Feuer, als es durch den Nachbarort getragen wurde. Er zündete daran seine eigene Kerze an. Seitdem brennt es in seiner Küche in Hohenschäftlarn.

Der Bund für Geistesfreiheit München richtet jeden vierten Sonntag im Monat ab 20 Uhr im Casa Mia in der Implerstraße 47 den Gottlosenstammtisch aus.

Im Jahr 2001 zog der US-amerikanische Sänger Terence Trent D'Arby (»Sign Your Name«) nach München. Ein Jahr später verließ er die Stadt jedoch bereits wieder.

Das Trambahnhäusl in Ramersdorf war eine Kneipe mit Volksküche und bis Anfang der 1990er ein beliebter Treff für Punks und Alternative. Der Betreiber verkaufte Bier für eine Mark und »Reis mit Scheiß« für zwei Mark – allerdings durfte nicht mit Zwei-Mark-Stücken mit dem Porträt von Franz Josef Strauß gezahlt werden. Seit 2010 hat das renovierte Trambahnhäusl als soziokulturelle Plattform für Subkultur wieder geöffnet.

Am 22. April 1937 wurde laut Stadtchronik in Schwabing eine »Frauenmilch-Sammelstelle« eröffnet. Die Milch sollte Kindern unterernährter Mütter zugutekommen.

In der Kieferorthopädiepraxis »relax & smile« in Sendling tragen die Ärztin und die Arzthelferinnen Dirndl, damit die Patienten sich leichter entspannen können und sich wohlfühlen.

Auf dem Oktoberfest 2011 gab es knapp 5000 Fundsachen. Neben Kleidungsstücken, Schlüsseln und Geldbörsen wurden auch eine lebendige, acht Zentimeter große Blattheuschrecke, ein Rollator, Krücken, ein Wikingerhelm und ein Gebiss abgegeben.

Die größte Panne beim Anzapfen des Oktoberfestbiers passierte im Jahr 1978 dem damaligen Oberbürgermeister Erich Kiesl von der CSU. Er verwechselte die Vokale und rief lauthals »Izapft os'!« statt »Ozapft is'« in die Menge.

Das Rote Kreuz hat während des Oktoberfests Hosen aus Papier parat: So müssen Betrunkene, die sich in ihrer Euphorie die Kleider vom Leib reißen, nicht nackt nach Hause gehen.

Seit 2012 wird das Hacker-Festzelt auf dem Münchner Oktoberfest durch eine Bier-Pipeline mit Bier versorgt. Das Bier kommt mit circa 25 Zentimetern pro Sekunde in den Schänken an, von dort wird es gezapft.

Im Alter von 18 Jahren führte die Pumuckl-Autorin Ellis Kaut 1938 als Münchner Kindl den Einzug der Wiesenwirte an.

Günther Beckstein vertrat 2008 öffentlich die Meinung, man könne mit zwei Maß noch Auto fahren.

Im 19. Jahrhundert tranken viele Mütter aus München bis zu sieben Gläser Bier pro Tag. Sie glaubten, nur so ihre Kinder stillen zu können. Tatsächlich ist ein Wirkstoff in der Gerste förderlich für die Milchproduktion, diese ist aber auch in alkoholfreiem Bier enthalten.

Von der Bavaria, einer der größten Bronzestatuen der Welt und mit 1560 Zentnern auch eine der schwersten, gibt es Porzellanabgüsse der Fingerspitze des kleinen Fingers (28 cm hoch, 48 cm Umfang), in die drei Maß Bier passen.

Traditionelle Münchner Berufe zu Anfang des 20. Jahrhunderts waren: Brezelverkäuferin, Trambahnritzenreinigungsdame, Scheffler, Radischneidemaschinenbesitzer, Maurerbrotzeitbringer.

»München« ist ein anderer Ausdruck für »kastrieren«.

Die nepalesische Pagode im Westpark wurde in Einzelteilen von Nepal nach München geschifft, wobei 400 Kilogramm Haschisch in den Hohlräumen mitgeschmuggelt wurden.

Justus von Liebig, ein deutscher Chemiker und Universitätsprofessor, erfand in München den Suppenwürfel, das Backpulver und die Babynahrung.

Der Szenenbildner und Filmausstatter Rolf Zehetbauer war nicht nur für Filme wie »Das Boot«, »Die unendliche Geschichte« und »Enemy Mine« verantwortlich, sondern auch für die Innenausstattung des Hacker-Zeltes auf der Wiesn.

Auf dem Gelände der Kultfabrik am Ostbahnhof veranstaltete der Rennverein Haidhausen um die Jahrhundertwende ein Pferdeschlittenrennen.

Das Verkehrszentrum im Deutschen Museum hat einen Kutschensimulator, der holprige Straßen simuliert.

Auf der Homepage von Christian Ude kann man sein legendäres »O'zapft is'« als Handy-Klingelton runterladen.

Auf dem Oktoberfest verschwinden jährlich um die 150.000 Bierkrüge.

Der König von Siam reiste im Hotel Vier Jahreszeiten mit 1320 Koffern an und erwartete, dass diese umgehend auf die Zimmer befördert wurden. Das gesamte Personal bis zur Küchenbrigade half dabei.

Am 9. November 1966 zerschlug Jimi Hendrix im Big Apple Club in München zum ersten Mal seine Gitarre auf der Bühne, ungeplant, wie sich der Manager erinnert: »Jimi wurde im Big Apple von einigen übermütigen Fans in die Menge gezogen, und als er wieder auf die Bühne zurückspringen wollte, warf er zuerst seine Gitarre hoch. Als er sie dann aufhob und sah, dass sie angebrochen war, flippte er total aus und schlug alles kurz und klein. Das Publikum liebte es. Und so beschlossen wir, das in den Act mit einzubauen.«

Im Mai 1992 zog der komplette Flughafen Riem in nur einer Nacht und ohne den Flugverkehr zu unterbrechen nach Hallbergmoos um.

Aufgrund des Ausmaßes der Zerstörung nach dem Zweiten Weltkrieg gab es Überlegungen, die Stadt aufzugeben und eine Retortenstadt am Starnberger See zu bauen.

Die erleuchtete Allianz Arena ist bei guten Witterungsbedingungen nachts von einigen österreichischen Berggipfeln aus zu sehen.

München hat einige außergewöhnliche Vereine:

- Praktischer Pistolenclub
- Münchner Ganzsachensammler
- Verein für Iaido
- Drachenbootfahrklub »Isardrachen«
- Verein gegen betrügerisches Einschenken
- Letzter Verein gegen Vereins- und Gruppenbildung

Bayern

Pumpernudl ist ein Gemeindeteil der oberbayerischen Gemeinde Rudelzhausen im Landkreis Freising. Pumpernudl hat derzeit 22 Einwohner, der Name geht auf einen 1491 in einem Pfarrei-Manuskript erwähnten Hans der Pumperlurer zurück.

Im Laufe ihrer Geschichte haben die Bayern eine Menge Wörter aus dem Französischen übernommen:

- leger (von *legère*, locker, ungezwungen, leicht)
- Visage (von *visage*, Gesicht)
- Bagage (heißt eigentlich *»Gepäck«*; kann auch abfällig für *»Pack/Gesindel«* verwendet werden)
- Böfflamott (von *Boeuf à la mode*, Rinderschmorbraten)
- Paraplü (von *parapluie*, Regenschirm)
- Trottoir (Bürgersteig)
- Schäsn (oft: oide Schäsn): kommt von *chaise* (Kutsche) und bezeichnet eine alte Schachtel
- kommod (von *commode*, bequem)
- marod (von *maraud*, miserabel)
- malad (von *malade*, krank)
- pressieren (von *presser*, in Eile sein)

In Niederbayern gibt es eine Tageszeitung, die Allgemeine Laber-Zeitung heißt. Ihren Namen hat sie vom Fluss Laber, der das Einzugsgebiet markiert.

Augsburg ist die Stadt mit den meisten gesetzlichen Feiertagen in Deutschland.

Der weiß-cremefarbene Anstrich des Weißen Hauses in Washington kommt aus dem bayerischen Diedorf bei Augsburg. Allerdings nur die Grundfarbe, der endgültige Farbton wurde 2003 von der amerikanischen Tochter des Unternehmens in North Carolina gemischt, denn: Ein Senator hatte sich beschwert, dass Deutschland den Auftrag bekommen sollte, obwohl es sich nicht am Irakkrieg beteiligt hatte. Das hatte das Geschäft zum Scheitern gebracht. Andere Gebäude, die trotzdem Farbe aus Diedorf orderten: das Bundeskanzleramt in Berlin, der Buckingham-Palast in London und der Palast des Scheichs von Brunei.

Einer städtischen Legende zufolge rettete ein Augsburger Bäcker die Stadt vor der Belagerung während des Dreißigjährigen Krieges: Er buk Brote aus Sägemehl und ließ sie gut sichtbar für die Belagerer über die Stadtmauer in den Graben werfen. Die Belagerer zogen in der Annahme, dass die Stadt über ausreichend Lebensmittelreserven verfüge, bald darauf ab.

Der Freistaat Bayern hat dem Grundgesetz niemals zugestimmt. Auch eine Petition des Landtags anlässlich des 50-jährigen Jubiläums der Verfassung im Jahr 1999 verlief im Sande.

Bayern hat die niedrigste Arbeitslosenquote Deutschlands.

Der bayerische Dialekt wurde 2009 von der UNESCO als Kulturgut anerkannt.

Jährlich besuchen 25 Millionen Touristen Bayern.

Die Fröhliche-Türken-Straße in Regensburg erhielt ihren Namen von einem dort ansässigen Hotel mit dem Namen Zum fröhlichen Türken – betrieben von einer Familie Türk.

Der Illuminatenorden wurde am 1. Mai 1776 in Ingolstadt gegründet und 1785 in Bayern verboten.

Der Name des Schlosses Neuschwanstein stammt wirklich vom Schwan ab – dem Wappentier der Vorfahren von Ludwig II.

Der Erstbesteiger der Zugspitze brauchte 1820 über acht Stunden, um den Berg zu besteigen. Heute bringen drei Seilbahnen jährlich über 500.000 Menschen auf den Gipfel.

Die Nutzungsrechte an Hitlers »Mein Kampf« besaß der Freistaat Bayern, sie endeten gemäß Urheberrechtsgesetz am 1. Januar 2016.

Bayern hat einen Burn-out-Beauftragten.

In Bayern gilt das Rauchverbot in öffentlichen Gebäuden nicht für Verdächtige beim Polizeiverhör.

In Bayern ziehen sich über 700 unterirdische Geheimgänge durch den Boden, deren Sinn niemand versteht. Manche sind bis zu 60 Zentimeter breit und 1,0 bis 1,4 Meter hoch, andere haben kaum 40 Zentimeter Durchmesser. Tatsächlich existieren die oft »Erdställe« genannten Tunnel von Ungarn bis nach Spanien.

Für eine Einstellung ihres Verfahrens haben an die bayerische Staatskasse überwiesen:

Helmut Kohl	300.000 €
Jan Ulrich	250.000 €
Josef Ackermann	2,3 Millionen €
Bernie Ecclestone	100 Millionen €

»Marmor, Stein und Eisen bricht« durfte wegen des falsch gebeugten Verbs in Bayern nicht öffentlich gespielt werden.

50 Prozent der über 5000 verschiedenen Biersorten, die in Deutschland gebraut werden, kommen aus Bayern.

Auch wenn sich das heute kein Bayer mehr vorstellen mag: Im 15. und 16. Jahrhundert wurde das meiste Bier noch aus Norddeutschland importiert.

1974 war der Anteil der FC-Bayern-München-Spieler am Kader der deutschen Nationalmannschaft 31,8 Prozent. 1958 gab es gar keine FC-Bayern-München-Spieler im Kader, und bei der WM 2010 waren es 25,9 Prozent.

Zu Beginn des 19. Jahrhunderts existierten in Bayern etwa 30.000 Brauereien. 2012 waren es noch 621 Brauereiunternehmen.

Die älteste noch existierende Brauerei der Welt ist die Staatsbrauerei Weihenstephan in Freising (seit 1040). Die älteste Klosterbrauerei der Welt befindet sich im Kloster Weltenburg bei Kelheim; sie ging nur zehn Jahre später in Betrieb.

Das berühmte Pils erfand ein Niederbayer: der Braumeister Josef Groll aus Vilshofen. Er wurde zu Hilfe geholt, weil das Bier aus Pilsen den Ansprüchen nicht genügte.

Bayern hat die höchste Selbstmordrate in Deutschland.

Oberfranken hat die höchste Brauereidichte der Welt.

Das stärkste Bier der Welt ist Schorschbock, ein Bier der Brauerei Schorschbräu aus Franken mit 57,5 Prozent Alkoholgehalt.

In Unterfranken befindet sich der einzige europäische Lehrfriedhof für Bestatter.

Das fränkische »Oozullds Buddlasbaa« bedeutet »abgenagtes Hühnerbein«. Dabei wird »Putt-putt«, also der Lockruf für Hühner, als Wort für »Huhn« benutzt. Durch die fränkische Aussprache wird aus Putt-putt: Budd-budd, und »baa« ist Fränkisch für »Bein«. »Mamaladenaamala« bedeutet »Marmeladeneimerchen«. Es existiert auch in der erweiterten Form als »A Mamaladenaamala hama aa daham«, was so viel heißt wie »Ein Marmeladeneimerchen haben wir auch daheim«.

Fürth hat eine U-Bahn.

Übersee liegt in Oberbayern.

Der Basketballer Dirk Nowitzki galt in seiner Heimatstadt Würzburg als großes Tennistalent.

Die erste Pizzeria wurde 1952 in Würzburg eröffnet und hieß Sabbie di Capri.

Bei Würzburg wurde im Main ein Wels entdeckt, der an einem Fußball erstickt ist.

Nürnberg und Schwabach bei Nürnberg waren vom 16. bis ins 19. Jahrhundert die führenden europäischen Hauptstädte für Gold- und Silberschmiedekunst.

Der erste bekannte Sprachlehrer war ein Franke: Iorg de Nuremberga brachte mit seinem »Manuskript zur Erlernung einer Fremdsprache« den venezianischen Händlern Deutsch bei.

Im Standesamt von Nürnberg steht eine original venezianische Gondel.

In Nürnberg heißen Hasen »Hosn« und Hosen »Husn«.

Der Patrizier Hans Stromer wurde 1559 wegen Geheimnisverrats und unflätiger Reden zu lebenslanger Haft im Nürnberger Schuldturm verurteilt. Ein letzter Wunsch wurde ihm gewährt: zwei Bratwürste pro Tag. Da diese ihm durchs Schlüsselloch gereicht wurden, sind Nürnberger Bratwürste im Kleinformat. Hans soll in 38 Jahren Haft rund 28.000 Bratwürste verzehrt haben.

Nur Haartrockner der Nürnberger Marke AEG dürfen aus markenrechtlichen Gründen Fön heißen. Alle anderen müssen heißen wie die Wetterlage, nämlich Föhn.

Der Nürnberger Seelöwe Mike verstarb durch zu viel Sex. Während der Brunftzeit verweigern Seelöwenbullen oft die Nahrung.

Das Glockenspiel des Fürther Rathauses spielt jeden Tag zu Mittag den Refrain von »Stairway to Heaven« von Led Zeppelin.

Unter den Passagieren der weltweit ersten Lokomotivfahrt des »Adler« am 7. Dezember 1836 auf der Strecke von Nürnberg nach Fürth waren zwei Fässer Bier. Für diese musste die Brauerei Lederer zwei Tickets für jeweils drei Kreuzer lösen.

Die Prüfung im Herkules-Velodrom im Nürnberg bestand nicht aus Aufgaben für übermenschliche Kräfte, sondern brachte den Probanden den Führerschein für Fahrräder.

In Nürnberg durfte höchstens sieben Tage lang an einem Grab professionell geklagt werden.

Die Hochzeits- und Leichenordnungen regelten im 14. Jahrhundert, wie eine Hochzeit oder Beerdigung auszurichten war, damit die Bevölkerung nicht durch allzu luxuriöse und verschwenderische Feiern verarmte. (Und so weniger Steuern zahlte.)

Beim Bierkrawall vom 1. bis 5. Mai 1988, einem Aufstand gegen zu hohe Bierpreise in Nürnberg, starb ein Mensch und 22 wurden verletzt.

Brachte man in Nürnberg jemanden wegen Schulden ins Gefängnis (Schuldturm), so musste man dessen Aufenthalt dort selbst finanzieren.

Ein »Nürnberger Geigenwerk« ist ein flügelförmiges Klavier.

Das schmalste Hotel der Welt steht in Amberg. Es heißt »Eh'häusl« und ist 2,50 Meter breit. Inklusive Whirlpool, offenem Kamin und Flachbild-Fernseher.

In der Kleinstadt Volkach bei Würzburg existiert eine Datenbank für Hundehaufen. Durch Genproben sollen die schuldigen Besitzer bestraft werden können.

Spezi, die Mischung aus Cola und Orangenlimo, wurde in Augsburg erfunden. Seit 1956 ist Spezi ein eingetragener Markenname des Augsburger Brauhauses Riegele.

Rechnet man die Ausgaben des FC Bayern München zusammen, so hat jedes geschossene Tor einen Wert von knapp 1,2 Millionen Euro.

Im Jahr 1997 wurde das Stadion der Fußballmannschaft SpVgg Greuther Fürth von Playmobil gesponsert und in »Playmobil-Stadion« umbenannt. Von 2010 – 2014 hieß das Stadion »Trolli Arena«, benannt nach den Weingummis. Bis ein neuer Sponsor gefunden wird, trägt es den Namen »Stadion am Laubenweg«.

Der höchstgelegene Maibaum der Welt steht auf der Zugspitze in 2600 Metern Höhe.

2004 klauten vier Senioren per Hubschrauber den Maibaum auf der Zugspitze und forderten als Erlös Saisonkarten sowie freie Kost im Restaurant. Bekommen haben sie 150 Brotzeiten und 100 Halbe Bier.

Das Erzbischöfliche Ordinariat erklärte noch 1913 die Kurzhosenvereine zum Erhalt der Lederhose als sittenwidrig.

Bis in die 1940er-Jahre trug man die Lederhose grundsätzlich ohne Unterhose.

Der aus Starnberg stammende Schriftsteller Oskar Maria Graf trug zeit seines Lebens in New York konsequent bis zu seinem Tod 1967 Lederhose.

In Bayern gibt es zu Ostern den Brauch des Ostereierwerfens. Dabei schleudert der Hausbesitzer das Ei über das Dach des Hauses. Das soll vor Blitzeinschlag schützen.

Seit Mitte des 19. Jahrhunderts wird in Rotthalmünster im Landkreis Passau am Faschingsdienstag der Fasching in einem Sarg per Fackelzug durch die Straßen getragen und betrauert und schließlich auf dem Marktplatz verbrannt.

Bernhard Wickis Antikriegsfilm »Die Brücke« wurde in Cham gedreht.

Der Kötztinger Pfingstritt zählt zu den größten berittenen Bittprozessionen Europas und geht auf ein Gelöbnis aus dem Jahre 1412 zurück. Seit diesem Jahr ziehen alljährlich am Pfingstmontag über 900 Reiter betend auf geschmückten Pferden und in Trachten des Bayerischen Waldes von Bad Kötzting durchs Zellertal nach Steinbühl.

Die Oberpfälzer wussten es schon immer: Die Oberpfalz ist gemessener Mittelpunkt Europas. Dieser liegt genauer gesagt in Hildweinsreuth bei Flossenbürg.

Der Further Drachenstich in Furth im Wald gilt als ältestes Volksschauspiel Deutschlands.

Der ehemalige Rallyeweltmeister Walter Röhrl ist gebürtiger Oberpfälzer.

Das Felsentor in Etterzhausen im Landkreis Regensburg war lange Zeit Deutschlands kürzester Eisenbahntunnel. Mit 1,7 Tonnen Sprengstoff wurde der zehn Meter lange Tunnel im Mai 2010 gesprengt.

Die Steuergemeinde Wachsenberg war eine der flächenmäßig größten Gemeinden der Oberpfalz. Doch 1906 zog der letzte Bewohner fort und heute ist nur noch ein verfallener Gewölbekeller von einem der Bauernhöfe zu sehen.

In Bayern gibt es den Brauch, dass der Bräutigam vor der Hochzeit den mit Sägespänen gelegten Weg von seiner Haustüre zu der seiner Ex-Gespielin symbolisch wegfegen muss. Das war zu der Zeit, als die Liebschaften höchstens im Nachbarort zu finden waren, kein Problem: In der heutigen Zeit hingegen hat man schon Lastwägen auf der Autobahn gesehen, die schaufelweise die Sägespäne-Fracht verlieren.

Köln

In Köln befinden sich circa 150 illegale Wettbüros, in denen man auf Fußballergebnisse wetten kann.

Das Heimatlied von Willi Ostermann »Heimweh nach Köln« war im Zweiten Weltkrieg verboten, um die Durchhaltemoral der Soldaten nicht zu untergraben.

Im Brauhaus Früh am Dom werden täglich bis zu 60.000 Gläser Kölsch ausgeschenkt.

In Köln gibt es eine Plastik mit dem Titel »Ruhender Verkehr«. Es handelt sich dabei um den fahrtüchtigen Opel des Künstlers Wolf Vostell, den dieser in einer Parklücke in Stahlbeton eingegossen hat. Das Werk wiegt 15 Tonnen und steht inzwischen auf einem Mittelstreifen des Hohenzollernrings.

Das Funkemariechen hat seinen Ursprung in der Marketenderin, einer Begleiterin der militärischen Truppen, die Soldaten (unter anderem) mit Schnaps versorgte. Daran erinnert heute noch das Fässchen, das die Mariechen am Gürtel tragen.

Lediglich 6 Prozent der Kölner finden ihre Stadt sauber, von den Touristen hingegen haben bis zu 41 Prozent diesen Eindruck.

Der Großteil des Nachlasses von Karl Valentin gehört der Stadt Köln.

Der Antikorruptionsbeauftragte der Baubranche musste 1999 zurücktreten – wegen Korruption.

Der Antikorruptionsbeauftragte der Kölner Stadtwerke wurde zurückgetreten – er leistete dem ehemaligen Staatssekretär Ludwig-Holger Pfahls Beihilfe zum Bankrott. Er bekam acht Monate Haft auf Bewährung und eine Geldstrafe von 100.000 Euro.

Rüdiger Röttgermann aus Köln-Mülheim war zuerst mit 360 Kilogramm der dickste Mann Deutschlands, bevor er 150 Kilogramm abnahm und zur schrillen Transe Jacky Duvall wurde.

Der Pumuckl heißt in Köln Fizzibitz.

Schokolade aus Köln: Nach 16 Jahren Wachstum im Tropenhaus lieferte die Ernte eines Kakaobaums 32 Kakaobohnen, die zu zwei Tafeln der ersten Schokolade aus Köln wurden.

1890 beehrte Kaiser Wilhelm II. zur Einweihung der Kölner Kanalisation das Bauwerk. Dafür wurden extra Kronleuchter in der Kanalisation aufgehängt, weshalb dieser Teil der Kanalisation heute Kronleuchtersaal heißt.

Ein lebenslanges Wohnrecht war für die kuriose Wohnsituation der Rentnerin Käthe Atz verantwortlich: Sie lebte in einer Wohnung mitten in den Redaktionen des WDR-Funkhauses am Wallrafplatz.

Der Sänger der kölschen Mundartband Die Cöllner ist mitnichten Kölner, sondern Österreicher!

Colonia ist nicht nur in vielen Sprachen der Name für Köln, sondern auch eine erfolgreiche kroatische Popband, die Hauptstadt der mikronesischen Insel Yap und die Wiener nennen so ihre Müllabfuhr.

In Köln wird Kölsch getrunken, in Düsseldorf, der Rivalenstadt, Altbier. In Köln kann man daher PC-Tastaturen kaufen, bei denen die »Alt«-Taste durch eine »Kölsch«-Taste ausgetauscht ist.

Ein Kölner Verlag hat 2007 das Buch »Alles, was man über Düsseldorf wissen muss« herausgebracht. Zwischen den Buchdeckeln befinden sich lauter leere Seiten.

Der Privateingang für Bischöfe in den Kölner Dom ist (man sagt, mit Absicht) etwas niedrig geraten: Dies sorgt dafür, dass sich die Herren Geistlichen beim Betreten desselben demütig beugen.

Die Preußen unterstützten den Dombau finanziell, knüpften jedoch die Bedingung daran, ihr Geschenk, einen großen, schwarzen Holzadler, im Dom aufzuhängen. Der Adler ist im schwerer zugänglichen Teil des Dachstuhls platziert.

Köln liegt in der Kölner Bucht, einer Erdbebenregion mit mehreren Kleinbeben jeden Monat.

Am Flughafen Köln/Bonn könnte jederzeit ein amerikanisches Spaceshuttle landen: Er gehört als einziger in Deutschland zu den weltweit rund 60 Notlandeplätzen der amerikanischen Weltraumagentur NASA.

Die Bauzeit des Kölner Doms betrug 632 Jahre.

Große Aufregung am Flughafen Moskau: Vor dem Rückflug vom UEFA-Cup-Spiel des FC Köln in Moskau im Jahr 1989 hatten betuchte Fans des FC Köln versucht, Kaviar in großen Mengen aus der ehemaligen Sowjetunion nach Deutschland zu schmuggeln.

Der ehemalige FC-Bayern-München-Trainer Udo Lattek sagte einst über den FC Köln: »Im Kölner Stadion ist immer so eine super Stimmung, da stört eigentlich nur die Mannschaft.«

An der Kölner Hohenzollernbrücke haben circa 155.000 Paare ein Vorhängeschloss als Zeichen ihrer Liebe befestigt.

In dem Raum im Speicher unter dem Dach des Doms, über dem Chor sowie im Lang- und Querhaus hätten mühelos 1000 Güterwagen der Deutschen Bahn Platz.

Zur Zeit der Domvollendung von 1880 bis 1884 war der Kölner Dom mit 157,38 Metern Höhe das höchste Bauwerk der Erde.

Die Zahl 4711 hat das »Echt Kölnisch Wasser« von der Hausnummer des Stammhauses der Firma: der Glockengasse 4711.

Das erste Kölnischwasser stammte von Johann Maria Farina, der im Jahr 1709 aus Ölen von Zitrone, Orange, Bergamotte, Mandarine, Limette, Zeder und Pampelmuse sowie Kräutern ein Duftwasser mischte, das er zu Ehren seiner wunderschönen Heimatstadt als »Eau de Cologne« verkaufte.

In Köln gibt es eine Messe, die sich mit den neuesten Kostümtrends, angesagten Accessoires, Wurfmaterial, Veranstaltungstechnik, Orden und Uniformen sowie Tanzbedarf für den Karneval beschäftigt: die Messe InterKarneval.

Das »Dreigestirn« des Karnevals bezeichnet eine Kombination aus drei verkleideten Männern, in der Rolle von Prinz, Bauer und Jungfrau. Sie »regieren« während der Karnevalszeit die Stadt und sind die Repräsentanten des Kölner Karnevals. Während der Karnevalszeit haben sie circa 200 Auftritte, wofür jeder von ihnen circa 100.000 Euro bezahlt bekommt.

Ein Stück Kölner Dom flog ins All: Im Mai 2014 startete der deutsche Astronaut Alexander Gerst vom Weltraumbahnhof Baikonur ins Weltall zur Weltraumstation ISS. Jeder Raumfahrer darf 1,5 Kilogramm persönliche Dinge mit auf die Reise nehmen. Gerst hat deshalb unter anderem ein kleines Stück vom Kölner Dom dabei.

In Köln gibt es ein Staubarchiv. Dort werden seit 2004 verschiedene Stäube gesammelt:

- Sakrale Stäube
- Kulturstäube
- Politische Stäube (von Orten jedweder politischer Macht)
- Kulinarische Stäube (vorzugsweise aus Weinkellern)
- Naturraumstäube
- Musikalische Stäube

Es handelt sich dabei um ein Kunstprojekt. Der Künstler gründete es als Nachfolge eines Wasserarchivs.

Das Wort »Karneval« kommt vom lateinischen »carne vale« und heißt übersetzt »Fleisch, lebe wohl«. Da in der Fastenzeit katholische Christen kein Fleisch essen und keinen Alkohol trinken dürfen, nützen sie die Zeit davor noch mal so richtig aus.

Uter, der dicke Austauschschüler in Lederhosen, der bei »Die Simpsons« auftaucht, stammt aus Köln.

Experten vermuten, dass mehr als die Hälfte der privaten Kölner Abwasserkanäle undicht sind.

Witze der Kölner über Düsseldorfer:

- Wie nennt man es, wenn sich zwei Düsseldorfer einen Strohballen zuwerfen? Gedankenaustausch.
- Was hat ein Düsseldorfer, der einen Strohballen hinter sich her zieht? Einen externen Speicher!
- Über Köln lacht die Sonne – über Düsseldorf die ganze Welt!
- Was ist das Beste an Düsseldorf? Die Autobahn nach Köln.
- Warum hat Nero Rom niedergebrannt? Weil es Düsseldorf noch nicht gab.
- Wie entstanden die Düsseldorfer? Am sechsten Tag schuf Gott die Affen. Nachmittags ging ihm das Fell aus.
- Was haben ein Hühnerei und ein Düsseldorfer gemeinsam? Man kann beide in die Pfanne hauen.
- Worin liegt der Unterschied zwischen einem Hühnerei und einem Düsseldorfer? Das Ei kann man nur einmal in die Pfanne hauen ...
- Was haben Wolken und Düsseldorfer gemeinsam? Wenn sie sich verziehen, könnte es ein schöner Tag werden.
- Was ist ein Düsseldorfer im Knast? Artgerechte Haltung.
- Warum sprechen Blondinen nicht mit Düsseldorfern? SO doof sind sie nun auch wieder nicht.

- ☛ Warum fahren Düsseldorfer gerne BMW? Weil sie wenigstens DAS buchstabieren können ...
- ☛ Warum will ein Kölner auf dem Sterbebett unbedingt ein Düsseldorfer werden? Lieber ein Düsseldorfer weniger als ein Kölner!

Das Kölner Grundgesetz

1. Et es, wie et es.
2. Et kütt, wie et kütt.
3. Nix bliev, wie et es.
4. Et hät noch immer jot jejange.
5. Mäht nix.
6. Wat fott es, es fott.
7. Jede Jeck es anders.
8. Wat soll dä Quatsch.
9. Hammer immer esu jemaat.
10. Hammer nit, bruche mer nit, fott domet.
11. Drink doch ene met!

Nordrhein-Westfalen

Düsseldorf besitzt als einzige Stadt Deutschlands Fußgängerampeln mit Gelbphasen.

Das Düsseldorfer Carsch-Haus wurde Anfang der 1980er-Jahre wegen des U-Bahn-Baus komplett abgetragen und um 23 Meter versetzt wieder aufgebaut.

Der Schriftsteller und Nobelpreisträger für Literatur Günter Grass machte 1947 in Düsseldorf eine Lehre als Steinmetz.

In einem Begleitheften zum Grand Prix druckte die Stadt statt »Aktionstag der Schulen« den Programmpunkt »Aktionstag der Schwulen«. In der englischen Version war die Aktion mit »Gay's day of action« übersetzt worden. Rund 65.000 deutsche und 35.000 englische Hefte mussten aus dem Verkehr gezogen und korrigiert werden

1978 wurde der ZDF-Moderator Rudi Cerne auf dem Düsseldorfer Flughafen festgenommen, weil er irrtümlich für den RAF-Terroristen Christian Klar gehalten wurde.

Claudia Schiffer wurde in Düsseldorf entdeckt.

Die mumifizierte Hand eines Notars, der Dokumentenbetrug betrieben hatte, wird im Rathaus von Münster ausgestellt. Dies dient seit 400 Jahren als Warnung für andere Notare.

Das denkmalgeschützte Wasserwerk Hohe Ward versorgt seit 1906 die Stadt Münster mit Trinkwasser.

Nordrhein-Westfalen ist das Bundesland mit den meisten Staus.

In Nordrhein-Westfalen sind nur noch 26 Deutsche Schäferhunde als Polizeihunde im Einsatz, die anderen 281 sind Tiere der belgischen Schäferhundrasse Malinois.

Am Turm der Lambertikirche in Münster hängen drei eiserne Körbe, in denen 1536 die Leichname der drei verbliebenen Anführer des Täuferreichs von Münster aufgehängt wurden.

Im Finanzamt in Solingen gibt es keine Feuermelder, deswegen sind zwei Dutzend Mitarbeiter angewiesen, im Falle eines Brandes in bereitgestellte rote Tröten zu blasen, um ihre Mitarbeiter zu warnen.

London Heathrow und der Dortmunder Flughafen liegen auf dem gleichen Breitengrad.

Der Fluss Wupper in Nordrhein-Westfalen war in den 1970ern so verschmutzt, dass Schulen der Stadt Leichlingen immer wieder den Unterricht abbrechen mussten, weil es so stank. »Stinkfrei« nannten die Schüler dies.

Wenn man auf der Bundesstraße 258 unterwegs ist, überquert man in der Nähe des Ortes Roetgen innerhalb von einem Kilometer sechsmal die deutsch-belgische Grenze.

Dolly Buster unterschrieb eine Erklärung der Unabhängigen Weseler Wählergemeinschaft, ohne sie zu lesen und in dem Glauben, damit ihre Mitgliedschaft zu bestätigen. Tatsächlich handelte es sich um eine Einverständniserklärung zu einer Kandidatur, und so wurde sie ohne ihr Wissen bei den Kommunalwahlen in Nordrhein-Westfalen 2009 für die Gemeinderatswahl im Weseler Wahlbezirk Obrighoven-Lackhausen als Kandidatin nominiert.

Im Mai 1996 schwamm ein weißer Wal rheinaufwärts bis Bonn. Die ersten Rheinschiffer, die den Wal meldeten, wurden einer Alkoholkontrolle unterzogen. Es stellte sich heraus, dass das Tier für einen Zoo gedacht und das Transportschiff in der Nordsee untergegangen war, wo der Wal freikam und über den Hafen von Rotterdam in den Rhein gelangte. Die Versuche, den Wal einzufangen, scheiterten, auch aufgrund des Protests in der Bevölkerung. Der Wal erreichte am 16. Juni 1996 um 18.42 Uhr das offene Meer.

1950 fiel ein Elefant aus der Wuppertaler Schwebebahn in die Wupper (und überlebte den Sturz mit ein paar Schrammen). Der Zirkuselefant sollte die Fahrt aus Werbezwecken antreten, geriet aber kurz nach der Abfahrt in Panik. Der Zirkusdirektor und der verantwortliche Leiter der Verkehrsabteilung der Wuppertaler Stadtwerke wurden zu einer Geldstrafe verurteilt, da das Gericht zu dem Schluss kam, dass eine Schwebebahn als Transportmittel für Elefanten ungeeignet ist.

Eine Meldung über einen umgeworfenen Blumenkübel vor einem Altersheim in Steinkirchen im Kreis Steinfurt sorgte für einen regelrechten Hype bei Twitter. Zehntausende verbreiteten die Meldung, die in die Top 5 der weltweit meistgetwitterten Themen gelangte. Die Menge an daraufhin zugesandten Blumenkübeln überstieg den Bedarf des Altenheims.

Die Bielefeldverschwörung geht davon aus, dass die Existenz Bielefelds nur vorgetäuscht wird.

In Bonn ist der Sitz des UN-Sekretariats zur Erhaltung der europäischen Fledermauspopulationen.

Der Bonner Dialekt wird als ripuarisches Bönnsch bezeichnet.

Die Gesamtnutzfläche der Universität Bonn ist größer als der Vatikanstaat.

Der Botanische Garten in Poppelsdorf war Heimat des weltweit größten Exemplars des Titanenwurz. Die Blüte allein maß 2003 2,74 Meter.

1981 wurde das weltweit erste Frauenmuseum in Bonn gegründet. Es fördert Kunst von Frauen.

In Krefeld wird jährlich der Titel »Krawattenmann des Jahres« verliehen. Geehrt werden Personen des öffentlichen Lebens, die sich um die Krawatte verdient gemacht haben.

Liste der Preisträger:

1965: Hans-Joachim Kulenkampff
1966: Willi Daume
1967: Willy Brandt
1968: Bernhard Grzimek
1969: Walter Scheel
1970: Helmut Schön
1971: Peter Wyngarde

1972: Roy Black
1973: Kurt Biedenkopf
1974: Dieter Kürten
1975: Robert A. Lutz
1976: Alwin Schockemöhle
1977: Walther Leisler Kiep
1979: Friedrich Wilhelm Christians
1980: Johannes Gross
1981: Hans Rosenthal
1983: Wilhelm Wieben
1984: Otto Wolff von Amerongen
1985: Richard Stücklen
1988: Claus Seibel
1990: Karl Otto Pöhl
1991: Günther Jauch
1997: Bodo H. Hauser
2000: Michel Friedman
2001: Guido Westerwelle
2002: Johannes B. Kerner
2003: Borussia Mönchengladbach
2004: Götz Alsmann
2005: Ulrich Wickert
2006: Christian Wulff
2007: Roger Cicero
2008: Henry Maske
2009: Eckart von Hirschhausen
2010: Claus Kleber
2011: Hape Kerkeling
2012: Jan Delay
2013: Tom Schilling

2014: Daniel Hartwich
2015: Guido Maria Kretschmer
2016: Manuel Neuer
2017: Jan Josef Liefers

Der nordrhein-westfälische Komponist Karlheinz Stockhausen komponierte unter anderem ein Helikopter-Streichquartett. Dazu setzte er jeweils vier Musiker mit Piloten und Tontechnikern in einen Hubschrauber, wobei der Lärm der Hubschrauber als zusätzliches Instrument zum Einsatz kam. Das Stück wurde zum ersten Mal 1996 aufgeführt und aufgenommen und ist Teil der dritten Szene der Oper »Mittwoch aus Licht«.

Im Sauerland gibt es einen Ort, der Faulebutter heißt.

Dortmund hält mit sechs Millionen Hektolitern Bier pro Jahr den europäischen Rekord im Bierbrauen (in München sind es 5,5 Millionen).

»Dortmund« kommt vom althochdeutschen Wort »Throtmanni« und bedeutet »Siedlung am gurgelnden Gewässer«.

Dortmund hatte 26 Jahre lang denselben Oberbürgermeister, nämlich Günter Samtlebe (SPD).

Der Zoo Dortmund hat ein Gehege für die Steinlaus eingerichtet.

Das Big Tipi in Dortmund ist mit fast 35 Metern Höhe, einem Durchmesser von 25 Metern und einer Grundfläche von über

360 Quadratmetern überspanntem Raum das größte Indianerzelt der Welt.

Dortmund grenzt an elf Städte, die Stadtgrenze ist 126 Kilometer lang.

In Dortmund steht das Zentrallager von Ikea mit einer Größe von über 200 Fußballfeldern.

Deutschlands erster veganer Supermarkt befindet sich in Dortmund.

Noch bevor der künstlich angelegte Phoenix-See in Dortmund mit Wasser vollgelaufen war, konnte der Yachtclub Phoenixsee schon über 400 Mitglieder zählen.

Bielefeld hat eine der schnellsten Betonpisten Europas.

Bei einem Spiel zwischen Arminia Bielefeld und dem FC St. Pauli im Herbst 1986 kündigte Bielefelds Stadionsprecher Lothar Buttkus den Hamburger St.-Pauli-Präsident Dr. Otto Paulick als »Zuhälter aus Hamburg« an.

In südwestfälischen Wäldern sind original Ranger unterwegs: Mit breitkrempigem Hut, hellgrünem Hemd und dunkelgrüner Hose streifen sie durch ihr Revier und prüfen, ob es irgendwo Probleme gibt.

Etwa 65 Kilometer von Köln entfernt liegt ein junger Urwald: der Nationalpark Eifel. Seit 2004 darf sich die Natur in der Eifel ihr Land zurückholen und gestaltet dort, wo früher der Mensch waltete. 1800 bedrohte Tier- und Pflanzenarten können sich frei in ihrem Lebensraum entfalten.

In einem Supermarkt in Dülmen konnte ein Kunde zunächst unbemerkt mit einem 30-Euro-Schein zahlen: Er hatte einfach die Zahl 30 über die 20 geklebt.

Im Merfelder Bruch in Dülmen leben knapp 400 Wildpferde, es sind die einzig verbliebenen auf dem europäischen Kontinent.

Alexander von Humboldt nannte das Siebengebirge das achte Weltwunder.

Die nördlichste Flamingo-Kolonie der Welt lebt im Zwillbrocker Venn, einem Wald-, Moor-, Feuchtwiesen- und Gewässergebiet im Münsterland.

In Duisburg gibt es eine begehbare Achterbahn. Es ist die Großskulptur »Tiger & Turtle – Magic Mountain«.

In der südwestfälischen Region NRWs gibt es so viel Wald wie sonst nirgends in Deutschland.

Die Müngstener Eisenbahnbrücke zwischen Solingen und Remscheid darf nur von Zügen ohne Passagiere überquert werden. Bei den Berechnungen für die Statik der Brücke wurde vergessen, das Gewicht potenzieller Passagiere einzuberechnen (das »Fleischgewicht«).

Deutschlands größte Moschee im osmanischen Stil steht in Duisburg.

Das deutschlandweit größte informelle Treffen von Gruppen und Einzelpersonen aus dem esoterischen Spektrum findet jährlich zur Sommersonnenwende an den Externsteinen, einer markanten Sandstein-Felsformation im Teutoburger Wald, statt.

Die erste Jugendherberge wurde 1912 im Sauerland eröffnet.

Im Rothaargebirge gibt es die einzigen frei lebenden Wisenten in Westeuropa.

In der Paderborner Altstadt befinden sich über 200 Quellen. Die Quellflüsse fließen durch die Stadt und vereinen sich an der ehemaligen Stadtmauer zur Pader. Diese mündet nach vier Kilometern in die Lippe und ist damit Deutschlands kürzester Fluss.

Hamburg

Dass St. Pauli heute zu Hamburg gehört, verdankt es einem Besäufnis. Graf Otto von Schauenburg wurde von der Bürgermeistersfrau 1429 so abgefüllt, dass er die Urkunde unterzeichnete.

Eine repräsentative Studie der Gothaer Versicherungen aus dem Jahr 2014 hat gezeigt, dass fast jeder dritte Deutsche von Nachbarschaftsstreitigkeiten betroffen ist. Die Hamburger streiten sich im Bundesvergleich am häufigsten: Jeder Zweite (50,2 Prozent) klagt über Zoff mit den Nachbarn.

Die Fremdenführer, die auf Hafenrundfahrten die Touristen unterhalten, werden in Hamburg »He lücht« genannt, plattdeutsch für »Er lügt«!

Von Hamburg aus erreicht man per Schiff 900 Häfen und 170 Länder in der ganzen Welt.

Von der Hamburger Sternwarte aus entdeckte Walter Baade 1921 einen Asteroiden und gab diesem den Kosenamen seiner Frau: Muschi.

Das erste moderne Kanalisationssystem des europäischen Festlands entstand 1856 in Hamburg.

Hin und wieder sind im Hamburger Hafen Schweinswale und Seehunde zu sehen.

Das Hamburger Rathaus hat 647 Zimmer. Das sind sechs mehr als im Buckingham-Palast.

In Norderstedt bei Hamburg gibt es eine Straße mit dem Namen Beamtenlaufbahn. Bezeichnenderweise handelt es sich dabei um eine Sackgasse.

Der Hamburger Gruß »Hummel, Hummel«, auf den man mit »Mors, Mors« antwortet, stammt von einem Wasserträger namens Hummel, der in Hamburg wohnte. Während er seine Wasserlast trug, riefen ihm die Kinder »Hummel, Hummel« hinterher, weil sie seinen Namen wohl lustig fanden, worauf er »Mors, Mors« entgegnete, was auf Plattdeutsch so viel wie »Leck mich am Arsch« bedeutet.

Hamburg hat mehr Brücken als Venedig, Amsterdam und London zusammen, nämlich 2500.

Der damalige Trainer des Hamburger SV, Özcan Arkoç, erfand 1978 eine neue Sportverletzung: Er erklärte das Fehlen eines Spielers mit einer »Leistungszerrung«.

Der ehemalige Präsident und Manager des HSV ließ in der Saison 1976/77 den HSV in rosa Trikots spielen, um den Frauenanteil unter den Stadionbesuchern zu erhöhen.

Die Fassade der Elbphilharmonie in Hamburg besteht unter anderem aus 1100 Glasscheiben.

Hamburg-Altona verdankt seinen Namen einer Kneipe: Der Fischer Joachim von Lohe eröffnete 1535 ein Wirtshaus. Und zwar außerhalb der Stadtgrenze, weil er dort nicht steuerpflichtig war. Den Stadtherren jedoch war es noch zu nah an der Grenze, woraufhin der Wirt das Gasthaus Altona oder auch »all to nah« nannte, was plattdeutsch für »allzu nah« ist.

Die Technische Universität Hamburg-Harburg hat einen Daniel-Düsentrieb-Wettbewerb ausgeschrieben, der jährlich einen Preis an Schulen verleiht.

Eine auf den Platz geworfene Papierkugel raubte Hamburg im Mai 2009 die Hoffnung auf den Sieg im UEFA-Cup-Finale: Beim Stand von 1:2 wollte HSV-Spieler Michael Gravgaard den Ball kurz vor der Torauslinie zu Torhüter Rost zurückspielen. Doch das Leder hoppelte über eine Papierkugel, sprang Gravgaard ans linke Bein und von dort ins Toraus. Es gab Ecke für Werder und wurde von Baumann verwandelt. Damit war der HSV raus. Die Kugel, die von einem Fan aufs Feld geschmissen wurde, war ein zerknülltes Blatt einer HSV-Fan-Choreografie, heute liegt sie im Werder-Museum.

In Hamburg gibt es 3866 Kneipen und 13 Beach Clubs. Und die meisten Modelagenturen Deutschlands.

In Flugzeugen wird nicht nur auffallend häufig Tomatensaft getrunken, sondern auch besonders häufig auf Flügen von und nach Hamburg und Düsseldorf.

Die zu Hamburg gehörende Insel Neuwerk hat mit sieben Männern und zwei Frauen für ihre 36 Einwohner die kleinste selbstständig arbeitende Freiwillige Feuerwehr in Deutschland.

Die Strecke von Hamburg nach Berlin ist genauso lang wie die Pariser Katakomben.

Der erste Tierpark der Welt entstand, dank Carl Hagenbeck, 1907 in Hamburg.

Anfang der 1970er-Jahre lebten Otto Waalkes, Udo Lindenberg und Marius Müller-Westernhagen in einer WG in Hamburg.

In Hamburg stehen jedem Einwohner im Durchschnitt 35,6 Quadratmeter Wohnfläche zur Verfügung. Das ist weniger als der Bundesdurchschnitt, der bei 40,8 Quadratmetern liegt.

In Hamburg gibt es ein Achterbahn-Restaurant, in dem Getränke und Essen über eine Abschussrampe auf gewundenen Schienen die Tische erreichen.

Der 30.000 Quadratmeter große Moldauhafen in Hamburg ist bis zum Jahre 2028 an die Tschechische Republik verpachtet und stellt deren einzige Verbindung zu den Weltmeeren dar.

Die klassische deutsche Frikadelle wurde 1906 erstmals unter dem Namen »Hamburger« angeboten – auf der Weltausstellung in St. Louis. Namensgeber waren deutsche Auswanderer aus, genau, Hamburg, die dieses Produkt aus der alten Welt mit nach Amerika gebracht hatten.

In Hamburg-St. Pauli (und Berlin-Friedrichshain) gab es vor dem Zweiten Weltkrieg Chinatowns. Dort lebten chinesische Seefahrer und Matrosen sowie Geschäftsmänner, die als »Kofferchinesen«

bekannt waren. 1944 wurden die Chinatowns von den Nationalsozialisten in der sogenannten Chinesenaktion aufgelöst.

Bis heute dürfen Frauen die Herbertstraße in Hamburg-St. Pauli nicht betreten. In der 60 Meter langen Herbertstraße gehen circa 250 Prostituierte ihren Geschäften nach.

Das größte Denkmal Bismarcks steht im Alten Elbpark auf St. Pauli in Hamburg. Es ist 34,3 Meter hoch.

Die Polizisten der Davidwache in St. Pauli haben nach der Vatikanstadt das europaweit kleinste Revier: Ihr Einsatzgebiet umfasst gerade mal 0,92 Quadratkilometer, das der Vatikanstadt 0,44 Quadratkilometer.

Dafür ist die Davidwache aber auch seit 1840 in Betrieb und damit die älteste Polizeiwache der Welt.

Im Schnitt gibt es in Deutschland 160 Ärzte je 100.000 Einwohner, in Hamburg doktern 222 je 100.000 Einwohner.

Rund 294.460 Berufstätige pendeln täglich von außerhalb nach Hamburg.

Ein Quadratmeter Bauland kostet in Hamburg im Schnitt 393 Euro. Der Bundesdurchschnitt liegt bei 85 Euro.

Die erste asphaltierte Straße Deutschlands befindet sich in Hamburg: Es ist der Jungfernstieg.

2005 explodierten innerhalb von zwei Monaten in einem Tümpel in Hamburg-Altona ungefähr 1000 Kröten, wobei die Eingeweide der Tiere bis zu einem Meter weit flogen. Die Kröten pumpten sich selbst mit Luft auf, bis sie platzten. Anscheinend standen die Tiere aufgrund der Paarungszeit so neben sich, dass die dort lebenden Vögel ihnen ungestört die Haut aufpicken und die Leber herausessen konnten. Die Leber verhindert jedoch im Kröteninneren, dass sich die Lunge nicht ungebremst ausdehnt, wenn sich die Kröten als Abwehrreaktion aufpumpen.

Der westliche Stadtteil Blankenese zählt mit über 5000 Stufen zu den treppenreichsten Vierteln der Welt.

Hamburg ist fit: Es gibt nicht nur die meisten Fitnesszentren pro Einwohner, sondern auch das größte der Welt. Es hat stattliche 15.000 Quadratmeter.

In Hamburg gibt es ein Volksfest, das dreimal im Jahr stattfindet: der Winterdom (Anfang November bis Anfang Dezember), der Frühlingsdom (Frühlingsfest, Mitte März bis Mitte April), und der Sommerdom (Hummelfest, Ende Juli bis Ende August).

Der Adventskranz kommt aus Hamburg: Der Gründer des Waisenhauses »Das Rauhe Haus«, Johann Hinrich Wichern, wollte den Kindern die lange Wartezeit auf Weihnachten verkürzen und stellte einen Holzkranz mit 24 Kerzen auf. Mit der Zeit wurden es dann weniger Kerzen, dafür mehr Grün.

Der älteste Leuchtturm Europas steht in Hamburg: Er wurde 1300 erbaut und diente zunächst als Schutz vor Piraten. Seit 1815 erfüllt er nur noch die Funktion eines Leuchtturms.

Das Ziffernblatt der Turmuhr des Hamburger Michels hat einen Umfang von über 24 Metern, der große Zeiger misst knapp fünf Meter, und die Zeiger haben ein Gewicht von je 130 Kilogramm.

Vor ebendiesem Michel findet jährlich Europas größter Motorradgottesdienst mit 35.000 bis 40.000 Teilnehmern statt.

Angela Merkel ist in Hamburg geboren. Damals hieß sie allerdings noch Angela Dorothea Kasner. Die Eltern zogen erst einige Wochen nach ihrer Geburt in die DDR.

Vor ihrem Durchbruch spielten die Beatles im Jahr 1960 48 Abende lang in dem Stripklub Indra Club an der berüchtigten Großen Freiheit in Hamburg.

16 Prozent des Stadtgebiets Hamburg sind Grün-und Erholungsflächen, rund 250.000 Bäume findet man in der Stadt. Das macht Hamburg nicht nur zum Rekordhalter bundesweit, sondern auch die Luft erheblich gesünder als in anderen deutschen Großstädten.

Hamburg bezieht für seine öffentlichen Gebäude 100 Prozent Ökostrom.

Es lebe der Wochenmarkt: Über eine Million Menschen kaufen wöchentlich auf den rund 100 Hamburger Wochenmärkten ein. Damit hat Hamburg die meisten Wochenmärkte Europas.

Über die Hälfte aller in Deutschland verkauften Zeitungen und Zeitschriften stammen von einem Verlag in Hamburg.

Das größte Schuhhaus Europas steht in Hamburg in der Mönckebergstraße.

Seit dem 17. Jahrhundert gibt es in Hamburg den »Schwanenvater«. Er ist bei der Stadt angestellt und kümmert sich unter anderem um die jährliche Umsiedlung der circa 130 Schwäne vom Winter- ins Sommerquartier und vice versa.

Es ist bei Strafe verboten, die Alsterschwäne zu verletzen, zu töten oder zu beleidigen.

Die meisten Menschen mit jährlichen Einkünften von mehr als 500.000 Euro leben, bezogen auf die Gesamteinwohnerzahl, in Hamburg. Insgesamt sind es 880 Millionäre. Gegen rund 30 Hamburger Millionäre ermittelt die Staatsanwaltschaft Bochum wegen Steuerhinterziehung.

Hamburg gibt mit 5700 Euro pro Kopf mehr als jedes andere Bundesland für seine Schüler aus, landeten aber bei der PISA-Studie 2010 trotzdem auf dem vorletzten Platz.

Das muss man erst mal schaffen: Die Kosten der Elbphilharmonie stiegen von ursprünglichen 77 Millionen auf 789 Millionen an!

Die Kosten für die Abfallbeseitigung betragen in Hamburg pro Haushalt um die 400 Euro pro Jahr.

2007 kam es zu 56 Malariafällen in Hamburg.

Hamburg liegt in der Nähe von Buffalo im Staat New York: Deutsche Auswanderer gründeten das Städtchen 1874 und verliehen ihm den Namen der alten Heimat.

Die größte Modelleisenbahnanlage der Welt befindet sich in der historischen Speicherstadt im Miniatur Wunderland in Hamburg: Auf 1300 Quadratmetern sind 13 Kilometer Gleis verlegt, auf denen 930 digital gesteuerte Züge verkehren.

Die Hamburger haben das vermutlich unansehnlichste Nationalgericht der Welt: Labskaus.

Zutaten (für fünf Personen):
1 kg gepökelte Rinderbrust, 300 g Zwiebeln, 500 g mehlige Kartoffeln, 10 Eier, Rote Bete, Salzgurken, Pfeffer.

Zubereitung:
Die Rinderbrust mit den geschälten und geviertelten Zwiebeln und etwas Pfeffer in einen Topf mit zwei Litern Wasser geben und rund zwei Stunden kochen lassen. Ist die Rinderbrust weich genug, also kaubar, den gesamten Inhalt aus der Brühe nehmen und warm stellen. Nun die Kartoffeln in die Brühe geben, weich kochen und zu Brei zerstampfen. Überschüssige Brühe abgießen. Jetzt das Rindfleisch mit den Zwiebeln durch einen Fleischwolf drehen und zu den Stampfkartoffeln geben, leicht köcheln lassen. Nach Geschmack mit Worcestersoße oder Brühwürfel abschme-

cken. Angerichtet wird Labskaus mit je zwei Spiegeleiern und in Scheiben geschnittener Roter Bete und Salzgurke.[1]

Im Hamburger Hafen und auf dem Kiez gab es eine eigene Sprache: »Kedelkloppersprook«. Diese plattdeutsche Bezeichnung bedeutet auf Hochdeutsch »Kesselklopfersprache«. Die Kesselklopfer, die in den Schiffen die Kessel reinigen mussten, konnten sich so in der lauten Umgebung besser verständigen. Bei der »Kedelkloppersprook« wird der erste Buchstabe einer Silbe an das Ende gesetzt und dem Wort ein »i« angehängt. Eine Aufnahme der Hamburger Kedelklopper aus dem Jahr 1925 gibt vier Zeilen verkedelkloppert wider:

Wi sünd Amborgerhi Etelki-Opperkli,
(Wir sind Hamburger Kesselklopfer)
wi arbeit't öbendri bi Ohmbli un Ossvi,
(wir arbeiten drüben bei Blohm + Voss)
sünd üzfidelkri un ümmer opperpri,
(sind kreuzfidel und immer proper)
kaut Attenswi un hebt ändlischi Ostdi.
(kauen Schwarzen und haben schändlich Durst)

In Hamburg gibt es zwei Straßen, die Schulterblatt und Ellenbogen heißen.

---

1 Rezept des Traditionsrestaurants Old Commercial Room, Englische Planke 10, Hamburg

Hessen

Der 1965 in Bad Homburg geborene Motorsportler Ralf Mackel ist der einzige blinde Rennsportler der Welt. Er fährt die Rennstrecke zuerst mit einem Finger auf dem Plan ab, dann fährt er als Beifahrer die Strecke bei geöffneten Fenstern. Er orientiert sich mittels außergewöhnlichem Zeitgefühl und Echoortung, die auf dem Widerhall von Hindernissen basiert. Er absolvierte mit einem Porsche 911 Carrera in rund drei Minuten eine Runde am Hockenheimring.

In der Hessischen Verfassung gibt es immer noch die Todesstrafe: »Ist jemand einer strafbaren Handlung für schuldig befunden worden, so können ihm aufgrund der Strafgesetze durch richterliches Urteil die Freiheit und die bürgerlichen Ehrenrechte entzogen oder beschränkt werden. Bei besonders schweren Verbrechen kann er zum Tode verurteilt werden.« Das deutsche Grundgesetz macht diesen Passus jedoch wirkungslos, da das Bundesrecht über dem Landesrecht steht.

Die Grünen machten 1985 bei Koalitionsverhandlungen zur ersten rot-grünen Landesregierung den Beitritt zum »Shanghaier Kugelfisch-Abkommen« zur Bedingung. Dieses Abkommen war frei erfunden und ein Scherz der Grünen, der jedoch nicht aufgedeckt wurde und tatsächlich Eingang in die förmliche Koalitionsvereinbarung fand.

Von Hessen aus ist jedes Speditionsgut bis zu seinem eigentlichen Ziel in Deutschland nicht länger als fünf Stunden im Lkw unterwegs.

Da das Pferd des Grafen Heinrich von Waldeck angeblich vor einem Igel scheute und ihn das von einem Sturz von einer Klippe bewahrte, verlieh er dem Ort des Geschehens – nämlich Fürstenberg – die Stadtrechte. Die Bewohner danken es dem Igel, indem sie jährlich am Montag vor Pfingsten einen seiner Art durch die Stadt tragen und das Igelfest feiern.

Eschborn in Hessen erhebt keine Hundesteuer.

Der älteste Vulkan Europas und das größte zusammenhängende Basaltmassiv Europas ist der Vogelsberg in Hessen.

Der Hesse Philipp Reis aus Friedrichsdorf hat im Jahr 1859 das Telefon erfunden sowie mit seinen »Roll-Schlittschuhen« einen Vorläufer der Inlineskates.

Der längste Eisenbahntunnel Deutschlands ist mit 10.780 Metern der Landrückentunnel zwischen den Ortschaften Kalbach und Mottgers südlich von Fulda.

Hessens Wirtschaftsleistung ist stärker als die der EU-Mitgliedstaaten Griechenland, Finnland, Irland und Portugal.

Rund 70 Prozent der deutschen Apfelweinproduktion wird in Hessen konsumiert, anders gesagt: Die Deutschen trinken ca. 1,2 Liter Apfelwein pro Jahr und Kopf, die Hessen ungefähr 10 Liter.

Apfelwein war früher ein Arme-Leute-Getränk.

Der Sultan des Osmanischen Reichs war ein Fan des hessischen Nationalgetränks: Er wurde von der Apfelwein-Kelterei der Gebrüder Freyeisen (gegründet 1817) mit hessischem Apfelwein beliefert.

Das chemische Element Hassium ist nach dem Bundesland Hessen (lateinisch: Hassia) benannt, was Hessen zum einzigen Bundesland macht, das im Periodensystem verewigt ist.

Die Grimm-Brüder wuchsen in Hessen auf.

Ein hessischer Zungenbrecher lautet:

Isch haach der aans uffs Aach,
awwer uffs annere Aach haach isch der aach ans!

Ich hau dir eins aufs Auge, aber auf das andere Auge haue ich dir auch eins!

Im hessischen Gutsbezirk Reinhardswald leben auf 183 Quadratkilometern zwei Einwohner – die Betreiber einer Gaststätte.

Stadt Frankfurt ist ein Dorf in Sachsen-Anhalt.

Aus Langeweile erfand ein Buchhändler auf der Frankfurter Buchmesse den Diagram-Preis, der seit 1979 für den ungewöhnlichsten Buchtitel des Jahres vergeben wird.

Die erste Operation am offenen Herzen führte am 9. September 1896 der Frankfurter Chirurg Ludwig Rehn durch.

Die Usa ist ein Zufluss der Wetter, welche ein knapp 69 Kilometer langer Zufluss der Nidda ist, die in Frankfurt in den Main mündet.

In Wiesbaden auf den Koordinaten 50° 9' 35'' N, 8° 15' 39'' O steht ein sogenannter Schuhbaum: ein mit verknüpften und in die Äste geschleuderten Schuhpaaren behängter Baum. Andere Schuhbäume stehen in Berlin-Kreuzberg, -Moabit und -Steglitz sowie in München, in Peine, Bad Tölz, Konstanz, Tittling, Düren, Reutlingen, in der Eifel und an der B 421 in Hontheim. Dahinter steckt der Wunsch, die Sorgen, gemeinsam mit den Schuhen, von sich zu werfen. Dazu werden die Schuhe manchmal auch mit Wünschen beschriftet.

Der Innovationsindikator des Fraunhofer-Instituts und des Bundesverbands der Deutschen Industrie platziert Hessen vier Stellen vor den USA.

Hessen hat einen Waldanteil von 42 Prozent und damit den höchsten Waldanteil aller Bundesländer, ein Drittel der Bäume sind über 100 Jahre alt.

Der Kurort Bad Sooden-Allendorf mit rund 8300 Einwohnern und circa 150 Pferden führte zu Beginn 2013 bundesweit als erste Kommune eine Pferdesteuer ein: 200 Euro pro Jahr und Pferd.

Der Staat Monaco passt zehnmal in den Frankfurter Flughafen.

Jeder vierte Einwohner der Landeshauptstadt Wiesbaden ist über 60 Jahre alt und nur in jedem fünften Haushalt gibt es Kinder.

Das Ludwigsmonument »Langer Ludwig« in Darmstadt ist ohne Sockel 32 Meter hoch und damit etwa so groß wie eines der sieben Weltwunder, nämlich der Koloss von Rhodos, der in der Hafeneinfahrt von Rhodos stand und den Sonnengott Helios darstellte.

Am Hauptbahnhof in Darmstadt gibt es einen Automaten, an dem man Fahrradschläuche kaufen kann.

Die Kapelle zu Wixhausen bei Darmstadt steht unter dem Patronat von St. Blasius.

Ein Synonym für kacken ist »Ein Fax aus Darmstadt empfangen«.

Das Landgericht Darmstadt kam 1989 zu dem Schluss, dass der Begriff »Altweibersommer« keinen Eingriff in die Persönlichkeitsrechte älterer Damen darstellt.

Kohle-Compretten, ein Mittel gegen Durchfall, werden in Darmstadt produziert.

In Mörfelden-Walldorf bedeckte ein Unbekannter den Wagen eines Mannes von vorn bis hinten mit Sauerkraut. Ansonsten wurde der Wagen nicht beschädigt. Die Polizei hielt fest: »Von dem sauren Sauerkrautrabauken fehlte jede Spur.«

Der Petawatt-Laser an der Darmstädter Gesellschaft für Schwerionenforschung hat eine so immense Leistung, dass er in zehn Nanosekunden eine Tasse Kaffee erwärmen könnte. Wenn die Tasse nicht kaputtgehen würde.

Das größte Naturschutzgebiet in Hessen heißt Kühkopf-Knoblochsaue.

Der Gründer des Klosters Fulda war der 1139 heiliggesprochene Abt mit Namen Sturmi.

Im Mai 2013 wurde eine fünfköpfige Diebesbandes in Osthessen verhaftet, als sie 2500 Gläser Nutella von einem Lastwagen klaute.

Der Metzger Horst Abel aus Fulda war einer der Ersten, der nach Mallorca auswanderte und dort dank Fleisch- und Wurstwarenfabrik, Brauerei und Massentourismus zum Multimillionär wurde.

Die erste Fußgängerzone Deutschlands entstand in den 1950er-Jahren in Kassel.

In Kassel gibt es ein Tapetenmuseum.

In Kassel-Calden befindet sich einer der sinnlosesten Flughäfen Deutschlands: Die Planung dauerte 14 Jahre und die Baukosten beliefen sich auf 271 Millionen Euro. Die Passagierzahl betrug im Jahr 2017 lediglich 69.810.

Das ursprüngliche Kassel ist in einer einzigen Nacht des Feuersturms 1943 verbrannt.

Der Wiederaufbau hat der Stadt wenig Ruhm beschert: Im »Lonely Planet« für Deutschland steht unter dem Eintrag zu Kassel: »Kassel ist ein gutes Beispiel für Architekturverbrechen der Nachkriegszeit.«

Im Rahmen der Documenta pflanzte der Künstler Joseph Beuys 7000 Eichen in Kassel. Böse Zungen behaupten, er tat dies, um die Stadt zu verbergen.

Der kleinste deutsche Geldschein hatte eine Fläche von 3,4416 Quadratzentimeter, also etwa die Fläche eines 50-Pfennig-Stücks. Er wurde in Kassel als Notgeld während der Inflation von 1923 ausgegeben, war rund und bestand aus Pappe.

Die Mutter von Bruce Willis kommt aus Kaufungen bei Kassel.

In Offenbach steht eine Bronzeskulptur. Sie zeigt einen älteren Mann mit verschrecktem Gesicht, gekleidet im Stil des 19. Jahrhunderts, der sich nach Steinen bückt. Um ihn herum gruppieren sich vier Hundefiguren. Die Skulptur bezieht sich auf eine überlieferte Anekdote, in der die Rivalität der Städte Offenbach und Frankfurt zum Ausdruck kommt: Demnach besuchte ein Frankfurter Bürger im Winter Offenbach, wo er von frei laufenden Hunden angegriffen wurde. Als er sich nach einem Stein bückte, um diesen nach den Tieren zu werfen, war der festgefroren. Daraufhin rief er aus: »Krieh die Kränk, Offebach! Die Staa binne se aa, die Hunde lasse se laafe.« (»Krieg die Krankheit, Offenbach! Die Steine binden sie an, die Hunde lassen sie laufen.«)

Das Marburg-Fieber ist eine meldepflichtige, virale Infektionskrankheit.

In Marburg gibt es in Anlehnung an die Gebrüder Grimm einen »Grimm-dich-Pfad«. In einem Brief beschrieb Jacob Grimm die Stadt als »eher hässlich«.

In Hanau gibt es ein Hallenbad für Hunde: das Aquabello. Laut Betreiber »lauern im Hallenbad nicht so viele Gefahren wie am See«.

Nach Hanau wollte ein Kleinbus, den die Polizei auf der Autobahn A3 stoppte. Statt der zugelassenen neun Personen stiegen 34 Personen aus dem Fahrzeug: zwölf Erwachsene und 22 Kinder.

In Ober-Ramstadt wurden zwei Männer von der Polizei verhaftet, als sie einen aufgebrochenen Tresor in einem für Kinder gedachten Fahrradanhänger entsorgen wollten.

In Homberg (Ohm) versuchte ein Autoknacker ein Observationsfahrzeug der Polizei zu öffnen, in dem zwei Beamte saßen.

In Wald-Michelbach wurde Polizeibeamten während der Fahrt mit festgenommenen Ladendieben eine Digitalkamera aus dem Wagen gestohlen. Im gleichen Ort brachte ein Dieb nach sechs Jahren eine gestohlene Motorsense zum Tatort zurück, nahm aber dafür ein neu gekauftes Gerät desselben Typs mit.

Ein Kioskbesitzer in Frankfurt vertrieb einen bewaffneten Räuber mit zwei gezielt geworfenen Bierflaschen.

Wer nach Wetzlar zieht, wird eventuell vom Bürgermeister persönlich begrüßt: 200 Zugezogene wurden im März 2014 so willkommen geheißen: »Sehen Sie diesen Empfang als ein Zeichen unseres Dankes und der Freude darüber, dass Sie die Goethe- und Optikstadt Wetzlar als neue Heimat gewählt haben. Sie sind uns herzlich willkommen.«

Angelehnt an die schottischen Highland-Games sind die Mainland-Games in Rüsselsheim. Mit unter anderem Baumstammwerfen,

Stemmen 120 Kilogramm schwerer Steinbrocken, Strohsackschleudern und natürlich viel Guinness.

In der Rhön bringt der Storch die Ostereier.

»Taunus« hießen nach dem Zweiten Weltkrieg bis 1967 die Autos der Ford-Werke AG in Deutschland. Danach wurden noch einige Modelle unter der Bezeichnung Ford Taunus angeboten.

In Königstein praktiziert ein Dr. Rudolf Batzill.

Der Automobilunternehmer Georg von Opel spendierte dem Taunus einen 27 Hektar großen Zoo mit 1400 Tieren, den sogenannten Opel-Zoo.

Im Westerwald liegen die Ortschaften Busenhausen und Eichelhardt nah beisammen.

Im Hessischen gibt es einen Nasallaut, der nicht im Alphabet vorkommt. Ausgesprochen wird er wie das »a« im englischen *warm, ball* oder *august*.

Die Hagebutte heißt im Hessischen »Arschkitzel«.

Baden-Württemberg

Im Mercedes-Benz-Museum in Stuttgart wurde der größte künstliche Wirbelsturm der Welt erzeugt. Der 30 Meter hohe Tornado wurde durch Düsen in den Seitenwänden und einer Abluftanlage in der Decke produziert.

In Stuttgart gibt es ein Schweinemuseum. In einem ehemaligen Schlachthof.

Jede Stadteinfahrt Stuttgarts sowie die vierspurige Straße durch die Stadt wird durch Blitzer überwacht.

Stuttgarts Stadtbild zieren mehr als 400 Treppen, liebevoll »Stäffele« genannt. Wer sie alle erklimmen wollte, müsste rund 20 Kilometer Stufen bewältigen.

Der Eichener See bei Eichen im baden-württembergischen Landkreis Lörrach ist ein Karstsee: Er existiert nur bei hohem Grundwasserstand.

Der größte Teil der Animationen der Erfolgsserie »Game of Thrones« wird im Kübler-Areal in der Ostendstraße in Stuttgart kreiert.

Schaffe, schaffe: Baden-Württemberg hat mit im Schnitt 12,4 Tagen die wenigsten Krankschreibungen bei seinen Arbeitnehmern zu verbuchen. Mecklenburger zum Beispiel sind eine ganze Woche länger krank: im Schnitt 19,5 Tage im Jahr.

Der Ort Tennenbronn in Baden-Württemberg war bis 1922 in einen katholischen und einen evangelischen Teil getrennt.

Freiburg hat mehr als 1700 Sonnenstunden im Jahr und die meisten Tropennächte in Deutschland. Das sind Nächte, in denen die Temperatur nicht unter 20 Grad Celsius fällt.

Freiburg hat die erste Solar-Uni Deutschlands.

Der Gründer des weltgrößten Nahrungsmittelkonzern, Nestlé, wurde in Frankfurt geboren, seine Familie kam jedoch aus dem süddeutschen, schwäbischen Raum. Davon zeugte sein Nachname, bevor ein Akzent auf das zweite »e« gesetzt wurde: Nestle, die schwäbische Verniedlichungsform von Nest, das als Zeichnung auch das Firmenlogo ziert.

Während des Sommersemesters findet in Tübingen das Stocherkahnrennen statt. Dabei fahren die Mannschaften kostümiert mit Flachbooten, die nur mit Stangen vorwärtsbewegt werden, um die Wette. Die Teilnehmer der Verlierermannschaft müssen je einen halben Liter Lebertran trinken. Die Gewinner bekommen ein Fass Bier.

In Karlsruhe verlaufen rund 30 Alleen vom Schloss aus in Richtung Stadt. Die Häuser und städtischen Gebäude baute man entlang dieser Alleen. Diese städtebauliche Architektur ist einzigartig in Deutschland und der Grund, warum man Karlsruhe auch »die Fächerstadt« nennt.

Die Männerparkplätze in Triberg in Baden-Württemberg sind zwei besonders gekennzeichnete Parkhausstellplätze in der Kleinstadt Triberg im Schwarzwald im Südwesten von Baden-Württemberg. Im benachbarten St. Georgen wurde der Begriff im Sinne eines Männergartens verwendet, wo Frauen ihre beim Einkaufsbummel störenden Partner zeitweilig abgeben können.

»Dackel« bezeichnet im Schwäbischen einen sehr törichten Menschen. Es gibt Varianten von »Granatendackel« und »Saudackel« über »Allmachtsdackel« bis zur Schimpfkrönung »Halbdackel«.

Die Badische Aktenheftung (auch: »Badische Lochung«) ist ein Verfahren, umfangreiche Akten ohne die Verwendung von Aktenordnern zu binden und zu archivieren.

In Baden-Baden auf dem Merkurberg werden jährlich zu Ostern 9999 Ostereier versteckt. Von den Stadtwerken und dem Osterhasen natürlich.

Der Hauptbahnhof in Mannheim hat kein Gleis 6, nach dem Gleis 5 kommt Gleis 7.

In Ludwigsburg in Baden-Württemberg wurde ein 1052,3 Meter langer Lebkuchen gebacken.

Einer Umfrage zufolge finden 12 Prozent der Befragten in Sachsen Socken in Sandalen inakzeptabel – in Baden-Württemberg sind es 33 Prozent.

In Reutlingen gibt es eine Straße, die an einer Stelle nur 31 Zentimeter breit ist.

Das größte Weinfass der Welt steht im Kellergewölbe des Schlosshofs des Heidelberger Schlosses. Es ist 8,5 Meter lang, sieben Meter hoch und wurde 1751 aus 130 Eichenstämmen gefertigt. Das Fassungsvermögen beträgt knapp 220.000 Liter. Auf dem Fass befindet sich eine Tanzfläche.

Die erste Universität, die einer Frau Zugang zum Medizinstudium gewährte, war im Jahr 1900 die Universität Heidelberg.

Der Spruch »Mein Name ist Hase, ich weiß von nichts!« kommt aus Heidelberg: Dort hatte Victor von Hase seinen Studentenausweis verloren, den ein Verbrecher zur Flucht benutzte.

Der Ballermann auf Mallorca ist eine Karlsruher Erfindung: Ende der 1960er-Jahre eröffnete Karl Heinz Schmiedmeier den Kult-Imbiss in der Karlsruher Altstadt. Geschäftspartner exportierten das Modell und so entstand am Balneario Nr. 6 in S'Arenal die erste Strandkneipe mit Fast-Food-Verkauf bis in die frühen Morgenstunden.

Der höchste Kirchturm der Welt steht in Ulm: Er misst stattliche 161,5 Meter.

In Ulm gibt es ein Museum, in dem sich alles nur ums Brot dreht: das Museum der Brotkultur.

Bernd Martin vom VfB Stuttgart spielte 1979 ganze drei Minuten als Nationalspieler und ist damit der Fußballer mit der kürzesten Nationalmannschaftskarriere.

Rapper Cro aus Stuttgart trug seine Panda-Maske zunächst nur, damit sein Chef nicht merkte, was er da tat.

Die Stadt Konstanz hat für ihre Wasserqualität ein Frühwarnsystem aus Wasserflöhen: Die staubkorngroßen Kleinkrebse reagieren empfindlich auf Verunreinigung. In einem mit zirkulierendem Bodenseewasser gefüllten Glas stehen sie unter Beobachtung. Sobald die Tierchen Alarm schlagen, wird das Trinkwasser abgestellt.

In Freiburg gibt es seit 1989 eine Parapsychologische Beratungsstelle. Sie berät »Menschen, die ungewöhnliche, paranormale, okkulte oder unerklärliche Erfahrungen gemacht haben und kompetente Gesprächspartner brauchen oder Hilfestellung für den Umgang mit ihren Erfahrungen benötigen«. Jährlich werden etwa 3000 Beratungs- und Informationsanfragen bearbeitet und mehr als 100 Informationsveranstaltungen durchgeführt.

Amerika wurde von einem Freiburger benannt: Der Freiburger Kartograf Martin Waldseemüller ging davon aus, dass Amerigo Vespucci den Kontinent entdeckt hatte und veröffentlichte 1507 eine Karte, auf der er den neuen Kontinent nach diesem benannt hatte. Auf späteren Karten versuchte er, den Fehler zu korrigieren, aber die Karte von 1507 war schon so verbreitet, dass sich der Name Amerika etablierte.

Der Gründer der Fußballzeitschrift »Kicker«, Walther Bensemann, wurde ohne Examen von der Uni Freiburg verwiesen, weil er Schüler zum Fußball und Alkohol verführte.

Oliver Kahn wurde mit 18 beim Karlsruher SC unter der Dusche von einem älteren Mitspieler angepinkelt.

Die erste E-Mail in Deutschland wurde am 3. August 1984 um 10.14 Uhr in der Uni Karlsruhe empfangen.

Die erste Jungfernzeugung bei einem Hai in Europa wurde im Naturkundemuseum Karlsruhe nachgewiesen. In einem Zeitraum von acht Jahren schlüpften im Vivarium 14 Hai-Babys, allesamt Klone ihrer Mutter Mariechen.

Das schwäbische »Muggaseggle« bezeichnet das Geschlechtsorgan einer männlichen Stubenfliege und ist eine gebräuchliche, wenn auch sehr kleine Maßeinheit in Baden-Württemberg, nämlich 0,22 mm.

Die Mannheimer Oststadt liegt westlich von Neuostheim, und Neuostheim liegt östlich von der Oststadt.

Die deutsche Großstadt mit dem mildesten Klima ist Freiburg im Breisgau.

Nahe der Stadt Triberg stürzt der höchste Wasserfall Deutschlands in sieben Fallstufen 163 Meter in die Tiefe.

Wolfgang Amadeus Mozart bewarb sich um eine Stelle in der kurfürstlichen Hofkapelle Mannheims, bekam sie aber nicht.

»Mannheimer Dreck« ist ein Makronengebäck, das mit Schokolade überzogen ist. Angeblich wurde es 1838 von einem Bäcker erfunden, der damit auf eine Vorschrift der Stadt reagierte, die »jedermann mit zwei Reichstalern Strafe belegte, der den im Hause gesammelten Kot mit Kehricht auf die Straße brachte«.

Das höchste Rathaus in Baden-Württemberg hat nicht Stuttgart und nicht Karlsruhe, sondern Lörrach.

Aus dem Gefängnis Ludwigsburg sind zwei Häftlinge durchs Fenster ausgebrochen. Sie sahen sich den Auftritt eines Porno-Sternchens an und kehrten auf demselben Weg wieder zurück.

In Baden-Württemberg steht die größte Achterbahn Europas, der Silver Star. Er ist 1700 Meter lang, bis zu 130 Stundenkilometer schnell, und an seinem höchsten Punkt geht es 73 Meter hoch in die Luft.

Die römische Marine hatte auf dem Bodensee eine kleine Flotte stationiert.

Der Tourismusverein Ferienland Schwarzwald warb mit Anzeigen, auf denen sich die Silhouette einer Frau mit Schwarzwald-typischem Bollenhut rekelt, und dem Text: »Große Berge, feuchte Täler und jede Menge Wald«.

Im Schwarzwälder Ort Schonach steht die größte Kuckucksuhr der Welt. Sie ist 4,60 Meter hoch, 150 Kilo schwer und der Kuckuck ist 80 Zentimeter groß.

Der Friseur Karl Ludwig Nessler aus Todtnau experimentierte 1906 so lange an den Haaren seiner Ehefrau herum, bis er endlich die Dauerwelle erfunden hatte.

Das Gengenbacher Rathaus mit seinen 24 Fenstern verwandelt sich jedes Jahr im Advent in den größten Haus-Adventskalender der Welt.

Ein echter Schwarzwälder Schinken muss im Schwarzwald hergestellt, geschnitten und verpackt sein. Die Schweine können hingegen kommen, woher sie wollen.

Die Standesämter in Baden-Württemberg ließen als Vornamen von Kindern gelten: Nussi, Filomena, Harmonie, Bluebell, Cosmo, Fidelis und Siddarth.

Die Einwohner von Heslach in Stuttgart-Süd werden auch »Blaustrümpfler« genannt. Der Sage nach wurden sie vom württembergischen Herzog Ulrich von Württemberg gezwungen, sonntags zum Kirchgang blaue Strümpfe zu tragen, zur Strafe – Heslacher hatten ihn auf seiner Flucht aus Stuttgart im Jahr 1518 verraten.

Seit dem 14. Jahrhundert findet am Freitag nach Christi Himmelfahrt in Weingarten im Südosten Baden-Württembergs der sogenannte Blutritt statt: Dabei wird in einer Prozession mit über 3000 Reitern, eingeteilt in 100 Blutreitergruppen und begleitet von circa 80 Musikkapellen, eine Kapsel mit Erde durch die Stadt getragen. Sie enthält wenige Tropfen Blut. Der Überlieferung nach soll es sich dabei um das Blut von Jesus Christus handeln.

Anlässlich der Fronleichnamsprozession wird in Hüfingen ein 600 Meter langer und 1,80 Meter breiter Blumenteppich gelegt.

Die schwäbischen Maultaschen gehen angeblich auf die Zisterziensermönche des Klosters Maulbronn zurück, die auch in der Fastenzeit nicht auf Fleisch verzichten wollten und es deshalb zwischen Spinat in Teigtaschen versteckten. Daher auch der Beiname »Herrgottsbscheißerle«.

Sachsen

Die Herrnhuter Brüdergemeinde mit Hauptsitz in Herrnhut verehrte in der ersten Hälfte des 18. Jahrhunderts die Seitenwunde Jesu. Das wird auch Seitenhöhlchen-Kult genannt. In einem Gesangbuch von 1746 heißt es: »Seid Kreuz-Luft-Vögelein und Täucherlein, fahret ins Loch hinein, das ihm der Speer geritzet.«

In Dresden entstand die Plastik »Pinkelnde Petra«: eine aus Stahl und Plastik geformte Polizistinnenfigur in voller Kampfmontur, die mit runtergelassenen Hosen und modellierter Vulva in der Hocke kniet und dank eines eingebauten Mechanismus gelb gefärbte Flüssigkeit abgeben kann. Das Werk gewann den mit 1000 Euro dotierten dritten Preis der Leinemann-Stiftung 2010 für Bildung und Kunst.

Friedrich Augustus, Kurfürst von Sachsen, auch August der Starke genannt und späterer König von Polen, hatte ein eheliches Kind mit seiner Ehefrau und angeblich 354 uneheliche Kinder, sicher jedoch neun von ihm anerkannte uneheliche Nachkommen.

Der Verzehr von Hundefleisch war nicht immer ein Tabu: Um 1900 wurden in Chemnitz durchschnittlich 226 Hunde pro Jahr geschlachtet.

1911 fand in Dresden die Internationale Hygiene-Ausstellung statt, zu der 5,2 Millionen Menschen kamen. So viele Besucher zog keine andere Ausstellung an. Initiiert wurde sie von dem Dresdner Karl August Lingner, der 1892 das Mundwasser Odol erfunden hatte.

Der Leipziger Fritz Lickint (1898–1960) war der von der Tabakindustrie am meisten gehasste Arzt: Er war der Erste, der das Rauchen mit Lungenkrebs in Verbindung brachte und die Bevölkerung über die Risiken des Rauchens aufklärte.

Ein Leipziger Unternehmen kaufte für knapp 900.000 Euro die Internetdomain kredit.de.

Das sächsische Schokoladeunternehmen Jordan & Timaeus in Dresden hat 1839 die Milchschokolade erfunden.

Der Doping-Arzt Eufemanio Fuentes lernte einiges beim medizinischen Think Tank der DDR in Leipzig.

Das zerklüftete Gebiet des Elbsandsteingebirges, auch »Sächsische Schweiz« genannt, war vor Millionen von Jahren Meeresgrund.

Das Johannishospital in Leipzig war eine soziale Einrichtung und schließlich ein Altersheim, das folgende Regelung erhob: Um einziehen zu können, musste man 200 Taler zahlen und das Spital als Erben einsetzen. Die erste Regel hielt die Armen fern, die zweite Regel die Reichen.

1650 erschien die erste Tageszeitung der Welt in Leipzig. Die bereits seit 1643 viermal in der Woche erscheinende »Wöchentliche Zeitung« des Leipziger Drucker und Buchhändler Timotheus Ritzsch wurde nun sechsmal die Woche publiziert. Das Format war DIN-A5, die Auflage betrug etwa 200 Exemplare.

Der BH hat zwar eine ältere Geschichte, aber 1899 meldete die Dresdnerin Christine Hardt das erste Patent auf ein »Frauenleibchen als Brustträger« an. Das Leibchen bestand aus zusammengeknüpften Taschentüchern und Männerhosenträgern.

Der Bierdeckel kommt aus Dresden: Robert Sputh patentierte 1892 sein Verfahren zur Herstellung von Bierdeckeln aus Pappe, die schon bald die damals gängigen, unhygienischen und unpraktischen Deckel aus Filz ablösten.

Die Dresdnerin Melitta Bentz erfand 1908 mit Löschpapier ihres Sohnes und einem durchlöcherten Messingtopf den Kaffeefilter.

Die Göltzschtalbrücke in Sachsen ist mit circa 26 Millionen verbauten Ziegeln die größte Ziegelsteinbrücke der Welt.

Karl May kommt aus Radebeul in Sachsen.

Die Homöopathie wurde in Sachsen erfunden: von dem aus Meißen stammenden Samuel Hahnemann.

Aus dem sächsischen Scharfenstein im Erzgebirge kamen 1993 die ersten FCKW-freien Kühlschränke der Welt.

Etwa tausend Jahre nach der Erfindung des Porzellans in China hatte auch Europa den Bogen raus: nämlich ab 1709 in Dresden. Die erste europäische Porzellanproduktionsstätte entstand in Meißen auf der Albrechtsburg.

Im ehemaligen Kurfürstentum Sachsen standen an allen wichtigen Post- und Handelsstraßen und in fast allen Städten Postmeilensäulen: Die Entfernungsangabe an den Säulen erfolgte in Stunden, eine sächsische Postmeile betrug 9,062 Kilometer, eine Stunde entsprach der Länge von 4,531 Kilometern. Dies sollte einer einheitlichen Berechnung für Postgebühren dienen.

Karl Louis Krauß aus Neuwelt im sächsischen Erzgebirge erfand um 1901 die Trommelwaschmaschine, ab 1906 produzierte er sie in Serie.

Im sächsischen Wilthen wurde der erste deutsche Cognac gebrannt. Zur Unterscheidung vom französischen Original musste er als »Deutscher Weinbrand« gekennzeichnet werden.

Einen Vorläufer der Zahncreme, die Zahnseife, entwickelte der Apotheker Adolf Heinrich August Bergmann aus dem sächsischen Waldheim im Jahre 1852. Die erste Zahncreme erfand 1907 der Dresdner Apotheker Ottomar Heinsius von Mayenburg und nannte sie Chlorodont.

Das offene Antwortschreiben von Ferdinand Lassalle an das Komitee der Leipziger Arbeiterzentrale aus dem Jahr 1863 gilt als das Gründungsdokument der SPD.

In einigen Gemeinden in Sachsen ist es Frauen verboten, am Sonntag Fallschirm zu springen.

Amerika ist ein Ortsteil der Stadt Penig im Landkreis Mittelsachsen im Freistaat Sachsen.

Sächsisch ist nach einhelliger Meinung der anderen Bundesstaten der schlimmste Dialekt Deutschlands. Eine Einführung:

Ja, das stimmt!	Ja, des iss waa! Ja, dis stimm! So isses!
Nein, das stimmt nicht!	Nee du, dis iss nisch waa!
rechts	äuf da reschdn Seide
links	äuf da lingn Seide
oben	inne wöllgn
unten	anne sohln
Guten Morgen!	Morschn!
Guten Tag!	Däach!
Guten Abend!	Nabend
Gute Nacht!	Schnarch guud! Nacht ooch! Angenehmed Flohbeisn!
Auf Wiedersehen!	Denn machs ma guud! Bis bälde!
Wie geht es Ihnen?	Wie gehdsn so? Wie gehds dänne? Was machnsn scheened? Issed Lähm nöch frisch?
Entschuldigen Sie bitte!	Schulldjung! Schulldchnsä!

Laut einem Professor für Germanistik und Sprachwissenschaftler an der Universität Leipzig hatte die sächsische Art, nach der Schrift zu sprechen, eine Zeit lang ein relativ hohes Prestige. Die Aussprache wurde mit der Schriftsprache Luthers gleichgesetzt.

Martin Luther übersetzte die Bibel nicht ins Hochdeutsche, sondern ins Sächsische.

Im Rahmen der Kampagne «Abenteuer FernOst – Leipziger Freiheit erleben« bot die Uni Leipzig Studienanfängern aus den alten Bundesländern einen Sächsisch-Kurs an.

Der erste Deutsche im Weltall war ein Sachse: Sigmund Jähn aus Morgenröthe-Rautenkranz in Muldenhammer im Vogtlandkreis. Er flog am 26. August 1978 in der sowjetischen Sojus 31 zusammen mit Waleri Fjodorowitsch Bykowski zur sowjetischen Raumstation Saljut 6.

Theodor Fontane, ein Preuße, schrieb über die Sachsen: »Sie sind die Überlegenen, und ihre Kulturüberlegenheit wurzelt in ihrer Bildungsüberlegenheit, die nicht vom neuesten Datum, sondern fast 400 Jahre alt ist.«

Die 23-jährige Wilhelmine Reichard bestieg 1811 alleine in Dresden einen Heißluftballon und war somit die erste Deutsche, die den Aufstieg mit einem Freiballon wagte.

»Fuchs, du hast die Gans gestohlen«, »Wenn ich ein Vöglein wär«, »Es klappert die Mühle am rauschenden Bach«, »Alle meine Entchen«, »Wer hat die schönsten Schäfchen«, »Ein Männlein steht im Walde«, »Alle Jahre wieder« und »Oh Tannenbaum« kommen aus der Feder von Ernst Gebhard Salomon Anschütz aus Sachsen.

Joachim Ringelnatz war Sachse.

Der Verkaufsraum der Pfunds Molkerei in Dresden wurde 1998 als der schönste Milchladen der Welt ins »Guinnessbuch der Rekorde« aufgenommen. Verkauft werden über 140 Käsesorten und Außergewöhnliches wie Milchkonfitüre, Milchgrappa oder Milchseife.

Im Dresdner Zoo hat das Kamel-Gehege keine Zäune: Kamele gehen keine Stufen, daher stehen sie einfach nur auf einer circa 40 Zentimeter hohen Fläche. Ohne zusätzliche Sicherungen.

In einem Museum in Dresden ist ein Kirschstein ausgestellt, der als Ohrschmuck verarbeitet wurde und in den 185 Köpfe geschnitzt sind. Genaue Beobachter wollen aber nur 113 Gesichter erkannt haben.

In Dresden an der Ecke zum Güntzplatz steht eine Ampel, die immer nur Rot zeigt. Gleich daneben ist ein schwarzes Schild mit grünem Pfeil nach rechts angebracht. Das bedeutet: Nach vorherigem Anhalten darf der Autofahrer abbiegen, auch wenn die Ampel noch auf Rot steht.

Den Wiesn-Klassiker »Ein Prosit der Gemütlichkeit« mit dem obligatorischen »Oans, zwoa – g'suffa!« hat Bernhard Dittrich aus Chemnitz verfasst.

Bei Chemnitz und im Thüringer Wald hat man Überreste von Arthropleura gefunden, einer Art Tausendfüßler, die 2,5 Meter lang werden konnten. Er ist seit über 290 Millionen Jahren ausgestorben.

Die Chemnitzerin Carmen Zander gehört zu den 20 freiberuflichen Raubtierdompteuren Deutschlands. Sie lebt und arbeitet mit fünf bengalischen Tigern.

Sachsen-Anhalt

Martin Luther stammte aus Sachsen-Anhalt.

Sachsen-Anhalt ist das Bundesland mit der höchsten Dichte an UNESCO-Weltkulturerben in Deutschland:

- das Bauhaus Dessau in Dessau-Roßlau
- die Lutherstädte Wittenberg und Eisleben
- die Altstadt von Quedlinburg
- das Dessau-Wörlitzer Gartenreich mit dem Wörlitzer Park

Auf dem Magdeburger Wappen steht eine grün gekleidete Jungfrau zwischen zwei Türmen. Dieses Wappen ist zwar rechtsgültig, aber nicht genehmigt. Das Landeshauptarchiv kritisierte während des Genehmigungsverfahrens, die Burg sei zu klein, die Jungfrau zu groß und es gebe zu viel weißen Leerraum, das widerspreche den Regeln der Wappenkunst. Magdeburg ließ sich daraufhin von der Landesregierung bescheinigen, dass es ein Wappen habe, womit dieses zwar nicht genehmigt, aber geduldet ist, und umging so das Genehmigungsverfahren.

Nach Berlin und Hamburg ist Deutschlands großflächigste Stadt Gardelegen im Altmarkkreis Salzwedel in Sachsen-Anhalt.

Eine Spezialität aus Sachsen-Anhalt ist Milbenkäse: Diesem werden zur Reifung Milben zugesetzt, durch deren Speichel der Käse fermentiert wird und einen salmiakartigen Geruch entwickelt. Beim Verzehr des Käses leben die Milben noch und werden mitgegessen.

In Goseck in Sachsen-Anhalt steht die älteste Anlage zur Himmelsbeobachtung. Die sogenannte Kreisgrabenanlage ist über 7000 Jahre alt und wurde erst 1991 zufällig aus der Luft entdeckt.

Etwa 20 Kilometer von der Kreisgrabenanlage entfernt wurde eine runde Bronzeplatte mit Goldapplikationen gefunden, die astronomische Symbole darstellen. Sie wurde vermutlich zu religiösen Zwecken verwendet. Sie gilt als die weltweit älteste konkrete Himmelsdarstellung und als einer der wichtigsten archäologischen Funde der Bronzezeit. Der Wert der Himmelsscheibe ist unschätzbar. Ihr Versicherungswert lag 2006 bei 100 Millionen Euro.

Das Rückenmarkzentrum in Halle (Saale) gilt weltweit als einer der Vorreiter für robotergestützte Systeme in der medizinischen Rehabilitation.

Halle hat als einzige Großstadt mit mehr als 200.000 Einwohnern den Zweiten Weltkrieg ohne große Schäden überstanden, weshalb der städtebauliche Charakter von Halle in Deutschland einzigartig ist.

Magdeburg zählt mit 2,5 Quadratmetern Verkaufsfläche pro Einwohner zu den Städten mit den weitreichendsten Shoppingmöglichkeiten in Deutschland.

Nicht Köln, sondern Magdeburg hat den ältesten gotischen Dom Deutschlands.

Magdeburg ist mit 3,5 Morden pro 100.000 Einwohner die mordlustigste Stadt in Deutschland (2011).

Der Begriff »Public Viewing« mit Logo wurde von einer Firma aus Magdeburg als Patent angemeldet. Korrekt übersetzt meint Public Viewing übrigens das Ausstellen eines aufgebahrten Leichnams.

Die Sachsen-Anhalter haben im Durchschnitt 0,1 Prozent mehr Kühlschränke als die anderen Bundesländer.

In einem Magdeburger Linienbus ist ein lebloser Mann einen ganzen Tag lang durch die Stadt gefahren. Auch beim Schichtwechsel der Fahrer wurde er nicht bemerkt.

Sachsen-Anhalt ist die Heimat wunderschöner Ortsnamen, wie zum Beispiel:

- Oberkaka
- Unterkaka
- Binde
- Feine Sache
- Lüge
- Schadewohl
- Pißdorf
- Schmerz
- Meineweh
- Frohe Zukunft
- Elend
- Sorge
- Neue Sorge
- Puppendorf
- Kauern
- Pissen
- Gottesgnaden
- Lust

Die Staatsanwaltschaft Magdeburg ist als registrierte eBay-Verkäuferin tätig und wurde von einer Abmahnfirma wegen einer mangelhaften Widerrufsbelehrung abgemahnt, wie viele andere eBay-Verkäufer auch.

In Sachsen-Anhalt liegt der größte Berg Norddeutschlands: der Brocken.

Die Einwohnerzahl von Sachsen-Anhalt ist von 1990 bis 2015 um etwa 537.300 geschrumpft.

Das Gebiet zwischen Sachsen-Anhalt, Mecklenburg und Brandenburg gehört zu den am dünnsten besiedelten Regionen Deutschlands.

Im 16. Jahrhundert war Wittenberg eines der wichtigsten deutschen Zentren politischer, kulturgeschichtlicher und künstlerischer Bestrebungen.

Die Kirchentür, an die Martin Luther 1517 angeblich seine 95 Thesen genagelt hat, ist die der Schlosskirche in Wittenberg.

Die Eiche, an der Martin Luther die Bannbulle des Papstes verbrannte und so seine Trennung von der römisch-katholischen Kirche vollzog, steht auch in Wittenberg. In der Lutherstraße.

Das Wittenberger Röhrwasser mit seinen noch etwa 20 vorhandenen Brunnen ist das einzige noch funktionierende Röhrwasserleitungssystem aus dem Mittelalter nördlich der Alpen.

In Wittenberg gibt es einen Park mit 270 Bäumen aus aller Welt: den Luthergarten.

Sachsen-Anhalts Eisenbahnnetz zählt zu den dichtesten der Welt.

Sachsen-Anhalt hat 18 Häfen, 600 Kilometer schiffbare Binnenwasserstraße und 11.000 Kilometer Straßennetz sowie ein sehr dichtes Eisenbahnnetz, deswegen werden oft besondere Schwerguttransporte dort umgeschlagen.

Nach einer Studie über die Lebenszufriedenheit der Deutschen mit dem Namen »Glücksatlas« ist in Sachsen-Anhalt ein klares Nord-Süd-Gefälle zu erkennen. Demnach sind die Magdeburger die skeptischsten Zeitgenossen, während die Hallenser wesentlich optimistischer in die Welt blicken.

Eine Fledermaus der Rasse Kleinabendsegler wurde in Sachsen-Anhalt mit einem Ring markiert und im Norden Spaniens wiedergefunden. 1,5 Jahre später konnte das Tier wiederum im Heimatgebiet entdeckt werden, es hatte somit über 3000 Kilometer zurückgelegt.

Magdeburg war eines der politischen Zentren des Heiligen Römischen Reiches Deutscher Nation.

In Ströbeck in Sachsen-Anhalt haben die Kinder ab dem zweiten Schuljahr Schachunterricht. Ströbeck ist auch als das Schachdorf bekannt: Dass die Bauern im Ort begeistert das Spiel der Könige spielen, ist seit 1515 belegt. Vermutlich kam Schach aber schon früher in den Ort. Der Legende nach war der abgesetzte Meißener Markgraf Gunzelin von Kuckenburg um 1011 als Gefangener des Halberstädter Bischofs im Ströbecker Kerkerturm eingesperrt. Er brachte seinen Wachen das Spiel bei, die es an ihre Familien weitergaben. Heute gibt es im Ort Turniere und Schachfeste, den Schachplatz sowie ein Schachmuseum.

Zu Pfingsten werden im Mansfelder Land in Lumpen gehüllte Einwohner, die als wilde Gesellen ihr Unwesen treiben, von den »Läufern«, in Weiß gehüllte und geschmückte Frühlingsboten, mit Peitschenknallen in eine große Schlammkuhle getrieben. Das Wälzen im Schlamm gilt als rituelle Waschung. Das Vergangene wird abgestreift, das Neue kann kommen. Das Fest heißt auch »Dreckschweinfest«.

Die nördlich des Harzes liegende Teufelsmauer ist eine 20 Kilometer lange und stellenweise 20 Meter hohe Felsenformation, die mit ihrer Stärke von gerade mal drei bis vier Metern wie eine zerstörte Festungsmauer aussieht.

In der Bibliothek des Domkapitels zu Merseburg wurden 1841 zwei Zauberformeln in althochdeutscher Sprache entdeckt, die sogenannten Merseburger Zaubersprüche. Der erste Spruch ist zum Lösen von Fesseln, der zweite ein Heilungszauber für einen verletzten Pferdefuß.

Der erste Spruch in normalisierter Orthografie mit Übersetzung:

Eiris sâzun idisi, sâzun hêra duoder.
suma haft heftidun, suma heri lêzidun,
suma clûbodun umbi cuniowidi:
insprinc haftbandun, infar wîgandun.

Einst saßen Idise, setzten sich hierher und dorthin.
Einige hefteten Fesseln, einige reizten die Heere auf.

Einige klaubten herum an den Volksfesseln
Entspringe den Haftbanden, entkomme den Feinden.

Die größte Rosensammlung der Welt befindet sich in der 15 Hektar umfassenden Parkanlage Europa-Rosarium in Sangerhausen.

Der Werbeslogan für Sachsen-Anhalt ist »Wir stehen früher auf«.

Niedersachsen

Das Dorf Bülkau ist elf Kilometer lang und nur drei Kilometer breit und wirbt damit, das längste Dorf in Niedersachsens zu sein.

Adolfshausen ist ein Ortsteil der Gemeinde Blender in Niedersachsen.

Die Stadt Grasleben in Niedersachsen heißt, wenn man sie rückwärts liest, Nebelsarg.

Nach 100 Jahren wurden im Sommer 2012 zum ersten Mal frei lebende Wölfe in Niedersachsen geboren.

Ein Ortsteil von Seedorf in Niedersachsen heißt Berlin.

Das älteste Artefakt aus Holz ist eine 150.000 Jahre alte Lanze aus Eibenholz, die zwischen den Rippen eines Waldelefantenskeletts steckte, das in Niedersachsen ausgegraben wurde.

Dem Bau der Nordeuropäischen Erdgasleitung (NEL), die Niedersachsen auf rund 200 Kilometern durchzieht, ging die umfangreichste Ausgrabung, die das Niedersächsische Landesamt für Denkmalpflege je bewältigt hat, voraus.

Die Hells Angels in Hannover verkaufen ihre eigene Bier- und Schnapsmarke: »Original 81«. Die Zahlen 8 und 1 stehen für die jeweilige Stelle der Buchstaben im Alphabet, H und A.

Die höchste Erhebung Hannovers ist die Deponie der Stadt, auch Monte Müllo, Monte Klamott oder Monte Scherbelino genannt.

Der Eintrag von Lena Meyer-Landruth im Goldenen Buch der Stadt Hannover lautet: »Wow! Verdammte Axt, ist das geil! Dankeschönst, Leni.«

Das Wahrzeichen der Leibniz-Werke, ein 100 Jahre alter vergoldeter Leibniz-Keks, wurde von der Fassade des Leibniz-Hauptsitzes in Hannover gestohlen. Kurz darauf tauchte ein Erpresserbrief mit Foto, geschrieben vom Krümelmonster, auf, in dem stand: »Ich habe den Keks! Ihr wollt ihn haben? Wenn ihr das Wahrzeichen wiederhaben wollt, sollt ihr alle Stationen im Kinderkrankenhaus Auf der Bult in Hannover mit Leibniz-Keksen versorgen, aber die aus Vollmilch.«

In Suurhusen, Ostfriesland, steht der schrägste Turm der Welt. Der Kirchturm übertrifft mit einem Neigungswinkel von 5,19 Grad sogar den schiefen Turm von Pisa (3,97 Grad).

Ärzte der Medizinischen Hochschule Hannover haben festgestellt, dass Headbanging Hirnblutungen, Schleudertraumata, den Bruch von Halswirbeln und Verletzungen der Atemwege verursachen kann.

Der größte Vogelpark der Welt mit rund 4000 Vögeln von allen Kontinenten und aus allen Klimazonen der Erde liegt in der Lüneburger Heide.

Adolf Hitler wurde 1932 in Braunschweig als Beamter eingestellt, damit er deutscher Staatsbürger werden konnte. Er reichte sofort mehrere Urlaubsanträge ein und trat die Stelle nie an.

Das Antiquariat am Burgplatz in Braunschweig ist mit acht Quadratmetern das kleinste Antiquariat Deutschlands.

In Bispingen steht ein 120 Quadratmeter großes Einfamilienhaus um 180 Grad gedreht auf dem Kopf. Es verfügt über zehn Zimmer auf zwei Etagen, sämtliche Einrichtungsgegenstände wie beispielsweise Stühle, Tische, WC, Lampen und Schränke hängen kopfüber von der »Decke«.

Am Vareler Hafen kann man eine 4,5 Quadratmeter große Kneipe besuchen. Sie heißt »Up'm Prüfstand« und befindet sich in einem Häuschen, in dem früher Fischreste gewogen wurden. Später wurde es als Bremsenprüfstand für Lkw genutzt, daher der Name. Heute bietet es Platz für acht Gäste.

Wenn die norddeutschen Seeleute von Fahrten aus London zurückkamen, hatten sie oft ein eigenartiges Geschenk dabei: kleine Porzellanhündchen. Diese verkauften die Londoner Huren, um so das Verbot der Prostitution zu umgehen.

Der Leuchtturm in Campen an der Nordsee ist mit seinen 65 Metern Deutschlands größter Leuchtturm und hat das stärkste deutsche Leuchtfeuer mit einer Reichweite von circa 55 Kilometern.

Im Rathaus Hannover gibt es einen einzigartigen Aufzug: Er transportiert die Fahrgäste zunächst senkrecht und dann in einem Winkel von 17 Grad in die Höhe.

Der älteste Bibliotheksbau nördlich der Alpen namens Liberei steht in Braunschweig. Der Bau aus dem 15. Jahrhundert hat eine Grundfläche von nur 5,50 x 5,14 Meter.

Die Hälfte des ehemaligen Bundesligakaders von Eintracht Braunschweig aus dem Jahr 1985 lebt von Sozialhilfe.

In Oldenburg wurde 1870 die erste Ansichtskarte der Welt gedruckt und per Post verschickt. Die Buchhandlung ihres Erfinders August Schwartz gibt es heute noch.

Wolfsburg hieß bis 1945 »Stadt des KdF-Wagens bei Fallersleben«.

Die Saline Luisenhall bei Göttingen ist eine der letzten in Betrieb befindlichen Pfannensiedereien Mitteleuropas.

Die älteste Rose steht neben dem Hildesheimer Dom. Sie wächst dort seit 815. Die Rose fing während des Zweiten Weltkrieges Feuer, als Bomben auf Hildesheim niedergingen. Die Wurzeln erlitten allerdings keinen Schaden, sodass sie wieder von Neuem wachsen konnte. Kontinuierlich bezeugt ist der heutige Rosenstock seit mindestens 400 Jahren, die Rosenstock-Legende nennt das Datum 815.

Wilhelmshaven ist die einzige Stadt an der deutschen Nordseeküste, die einen Südstrand hat!

In Hannover entstand im Jahr 2003 Deutschlands erste HuTa, eine Hunde-Tagesstätte.

Ein Mann aus Niedersachen hat mehr als 350 Punkte in Flensburg: Er wurde knapp 60-mal mit einem frisierten Mofa erwischt, was ihm jeweils sechs Punkte einbrachte.

Der erste Trikotsponsor der Bundesliga war der im niedersächsischen Wolfenbüttel hergestellte Kräuterlikör Jägermeister. Die Firma zahlte damals 100.000 D-Mark, im Gegenzug prangte das Logo für fünf Jahre auf den Trikots. Im Vergleich: Heute erhält allein der FC Bayern München 35 Millionen Euro pro Saison von der Telekom.

Die höchste Erhebung in Ostfriesland ist eine Müllhalde auf Norderney.

Wilhelm Busch wurde 1832 in Hannover geboren. Ein paar Jahre früher, 1816, erblickte Werner von Siemens in der Nähe von Hannover das Licht der Welt.

Über 80 Prozent der Fläche Niedersachsens bestehen aus Wald- und Landwirtschaftsflächen.

Im Naturschutzgebiet Lüneburger Heide ist Kraftfahrzeugverkehr grundsätzlich untersagt. Es ist ebenfalls verboten, die Wege zu verlassen, und Hunde müssen angeleint werden.

In Niedersachsen befindet sich die Autostadt Wolfsburg. Mehr als 50 Millionen Volkswagen kamen somit aus Niedersachsen.

Doppelt so viele Arbeitsplätze wie im Bundesdurchschnitt haben in Niedersachsen mit dem Auto zu tun.

Ostfriesland hat den höchsten Teeverbrauch in der Bundesrepublik.

Die Rathauskuppel des Neuen Rathaus Hannover ist fast 100 Meter hoch.

Das Emsland wurde erst Mitte des 20. Jahrhunderts trockengelegt.

Hannover beheimatet die größten Messen der Welt.

Das weltweit meistverkaufte Buch der ersten Hälfte des 20. Jahrhunderts, »Im Westen nichts Neues«, schrieb Erich Maria Remarque aus Osnabrück. Außerdem aus Niedersachsen kommen: Otto Waalkes, Till Eulenspiegel, der »Lügenbaron« von Münchhausen, Wilhelm Busch und Uli Stein.

Das bekannteste Fachwerkhaus in Hildesheim war früher das Gildehaus der Fleischer, das den schönen Namen »Knochenhauerhaus« trägt.

Niedersachsen ist ein Pferdeland: Die Rasse der Hannoveraner-Pferde gehört zahlenmäßig zu den stärksten Warmblutzuchten weltweit.

In Cuxhaven endet die Elbe und beginnt die Nordsee.

Schleswig-Holstein

Der nördlichste Supermarkt Deutschlands ist ein Edeka, er befindet sich in List auf der Insel Sylt.

»Ellenbogen« ist die nördlichste Straße Deutschlands und liegt auf der Nordseeinsel Sylt.

Die kleinste Gemeinde Deutschland ist Gröde in Schleswig-Holstein. Sie hat nur neun Einwohner.

Die Stadt Arnis in Schleswig-Holstein ist mit 297 Einwohnern auf 0,45 Quadratkilometern die kleinste Stadt Deutschlands.

Die dicksten Männer Deutschlands leben in Schleswig-Holstein, die dicksten Frauen im Saarland.

Die Kreisstadt Eutin darf sich seit 2008 »erste fledermausfreundliche Stadt Deutschlands« nennen. Verliehen wurde der Titel von der Stiftung Naturschutz des Landes und dem Naturschutzbund Schleswig-Holstein.

Im Jahr 2010 wurden jede Minute 20 Punkte im Flensburger Verkehrsregister eingetragen.

Der Skilift auf dem Bungsberg in Schleswig-Holstein wird jedes Jahr auf- und wieder abgebaut. Das Bungsberg-Massiv ist 168 Meter hoch und bietet, wenn Schnee liegt, eine 300 Meter lange Abfahrt bei 17 Prozent Gefälle.

Die Ostsee ist das größte Brackwassermeer der Erde.

Der Lübecker Yacht-Club trägt seit 1969 jährlich eine »Eisarsch-Regatta« aus: Dabei segeln Männer bis zu 25 Jahren in Optimisten, kleinen Einhandjollen für Kinder und Jugendliche. Nicht selten gehen sie dabei schon beim Einsteigen im kalten Flusswasser baden, daher der Name. Der »Eisarsch« geht an den schnellsten Teilnehmer, der »Eisarsch-Pokal« an den besten auswärtigen Segler sowie der »Team-Arsch« an die beste Mannschaft.

Im schleswig-holsteinischen Albersdorf treffen sich einmal im Jahr Experimental-Archäologen im Kreis Dithmarschen zu einer Steinzeit-Woche. Die Archäologen der Uni Hamburg und ihre Studenten erforschen dort unter möglichst realistischen Bedingungen, wie die Menschen vor knapp 10.000 Jahren gelebt haben.

Schleswig-Holstein hat insgesamt 46 öffentliche Häfen und Anlegestellen.

Kiel wurde erst im Jahr 1995 mit dem elektrischen Netz der Bundesbahn verbunden.

Kiel hat mehr Hügel als München.

Die Leitkegel oder Pylonen, die im Straßenverkehr bei Bauarbeiten zum Einsatz kommen, werden auch »Lübecker Hütchen« genannt: Dort wurden sie 1952 nämlich erfunden.

Das Lübecker Marzipan kommt in China und Japan unter anderem deswegen gut an, weil die Farben der Verpackung, Rot und Gold, dort Sinnbild für Harmonie und Partnerschaft sind.

St. Peter-Ording hat eine eigene Schwefelquelle.

Die St. Peter-Ordinger mussten zweimal ihre Kirche wegen einer Wanderdüne aufgeben.

Der erste der charakteristischen Pfahlbauten von St. Peter-Ording wurde 1911 gebaut und hieß »Giftbude«, weil es dort »wat gift« (etwas gibt), gemeint war damit Cognac.

Udo Lindenberg bereitet seine Tourneen mit dem Panikorchester am Timmendorfer Strand vor, inklusive öffentlicher Generalprobe, die Kultstatus erreicht hat und Udos Abreise einläutet.

Schleswig-Holstein hat: den meist befahrenen Kanal der Welt, das größte Sommerfest Europas und die besten Handballer Deutschlands.

Seit dem 17. Jahrhundert brennen am 21. Februar an der nordfriesischen Küste, auf den Inseln und Halligen große Feuer, die »Biikefeuer«. »Biike« ist Friesisch und bedeutet »Feuerzeichen«. Sie dienten ursprünglich nach einem langen Winter den auslaufenden nordfriesischen Walfängern als Abschiedsgruß.

Die Friesen haben einen eigenen Sport: das Boßeln. Dabei versuchen zwei Mannschaften eine Kugel mit möglichst wenigen Würfen über eine festgelegte Strecke zu werfen. Es gibt keine feste Wurfbahn, die Wettbewerbe finden auf Straßen statt. Das Spiel geht auf eine Art militärisches Training der Friesen für die Dorfverteidigung zurück, da die Dorfbewohner keine Waffen besaßen und sich gegen Seeräuber und andere Eindringlinge nur mit Steinen und wohlgezielten

Würfen wehren konnten. Friesische Auswanderer brachten das Spiel nach Amerika, es gibt regelmäßig nationale und internationale Meisterschaften.

In weiten Teilen Schleswig-Holsteins, Niedersachsens und Südjütlands ziehen am frühen Silvesterabend die Kinder kostümiert, singend und reimend von Haus zu Haus und bekommen Süßigkeiten. Das verwendete Instrument zur Begleitung ist eine Schweinsblase, die straff über eine Blechdose gezogen und in die ein Weidestock gesteckt wird. Mit angefeuchteten Fingern kann dieser gedreht und gerieben werden, was einen unheimlichen, dumpfen Ton gibt.

In vielen Orten Schleswig-Holsteins, im südlichen Dänemark und auf der niederländischen Insel Walcheren wird die Tradition des Ringreitens gepflegt: Die Reiter müssen dabei mit einer Lanze oder einem kurzem Stecher in einen aufgehängten Ring treffen, der nur einen Durchmesser von zwei Zentimetern hat.

In Kiel gibt es »Algenwein«, ein 13-prozentiges Getränk aus Algen der Ostsee, das sich jedoch offiziell nicht Wein nennen darf, da es nicht aus Trauben ist.

Studenten der Biotechnologie-Verfahrenstechnik aus Flensburg haben aus Ostseewasser dunkles und helles Bier gebraut und mit dem Hellen beim »2nd International Brewing Contest« im ICC Berlin den ersten Platz belegt.

Helgoland ist die einzige Hochseeinsel Deutschlands, das heißt, sie ist mehr als 70 Kilometer vom Festland entfernt.

Im Wattenmeer leben mehr als zehn Millionen Möwen, Wattvögel und Gänse, Seehunde und Kegelrobben.

Bis zur Mitte des 19. Jahrhunderts war der »Klootstock« ein Fortbewegungsmittel der Friesen: Mit dem drei bis vier Meter langen Stock katapultierten sie sich an der Westküste über die Gräben der Marsch. Bei der Schlacht von Hemmingstedt am 17. Februar 1500 hatte der Klootstock sogar entscheidenden Anteil am Sieg der zahlenmäßig weit unterlegenen Dithmarscher Bauern: Die 3000 ortskundigen Verteidiger hatten ihre Felder überflutet, sodass die dänischen Söldner einen schmalen Landweg nicht verlassen konnten. Mit ihren Spießen schubsten die Dithmarscher die schwerfälligen gepanzerten Ritter von den Pferden, um die Spieße anschließend als Klootstöcke zu nutzen und flink über die Gräben zu verschwinden. Ein Großteil der 11.000 Angreifer ertrank.

Die Wandlung der von Graf von Schauenburg und Holstein im Jahr 1143 gegründeten Burganlage zur Freien Reichsstadt Lübeck dauerte gerade mal 83 Jahre. Bereits im 13. Jahrhundert wurde die Stadt zum Hauptplatz der norddeutschen Hanse.

Auf der Insel Hiddensee ist jeglicher privater Kfz-Verkehr verboten. Pferdefuhrwerke verkehren zwischen den vier Ortschaften der Insel.

Die älteste Galopprennbahn auf dem europäischen Kontinent liegt zwischen Bad Doberan und dem Ostseebad Heiligendamm.

Die größte TÜV-geprüfte Rutsche der Welt steht seit 2010 in den Sommermonaten an verschiedenen deutschen Ostseestränden. Sie ist elf Meter hoch und stolze 60 Meter lang und wird mittels zweier starker Gebläse kontinuierlich mit Luft versorgt.

Der größte Findling der Ostseeküste hat ein Volumen von 600 Kubikmetern und einen Umfang von 40 Metern und heißt Buskam. Das Wort stammt vom altslawischen »bogis kamien« und bedeutet »Gottesstein«. Kleine Aushöhlungen auf der Oberseite des Findlings bezeugen, dass der Stein schon in der Bronzezeit als Kultstätte genutzt wurde.

Am Tag der Schlachtung wurde in Schleswig-Holstein traditionell Schwarzsauer hergestellt: Blutsuppe.

Das nordfriesische Rumpelstilzchen wohnt auf dem Meeresgrund und heißt Ekke Nekkepenn.

Auf den Inseln Sylt und Amrum kursiert die Sage um Wiedergänger, die nach ihrem Tod ihre Nachkommen aufsuchen, sie heißen »Gonger«. Zu Gongern werden unschuldige Mordopfer, Menschen, die zu Lebzeiten Grundsteine versetzt oder Land abgepflügt haben, Gotteslästerer oder Selbstmörder. Aber auch diejenigen, die auf See ertrunken sind. Sie zeigen sich ihren Anverwandten, damit diese den Tod der Verwandten und die Erinnerung an sie akzeptieren. Ein Gonger schleicht nachts ins Haus und legt sich auf die Bettdecke seiner Nachfahren. Er verschwindet erst, wenn die Erinnerung an ihn wachgerufen und sein Tod anerkannt wird. Man erzählt sich, dass man einem Gonger nicht die Hand reichen darf. Diese verbrennt sonst, wird schwarz und fällt ab.

Das nordfriesische Wattenmeer hat sein eigenes Atlantis: die Stadt Rungholt. Lange Zeit als Legende abgetan, gilt heute die Existenz der Siedlung als gesichert, sie wurde im 14. Jahrhundert von einer Sturmflut zerstört. In dem Gebiet um die Halligen Südfall, Nübel und Nielandt werden immer noch Überreste der versunkenen Stadt gefunden.

Deutschlands größte Schrägseilbrücke verbindet Deutschlands größte Insel Rügen mit dem Festland. Sie ist 4097 Meter lang, und täglich fahren 30.000 Fahrzeuge darüber.

Das älteste Leuchtfeuer der deutschen Küste leuchtete im alten Leuchtturm in Travemünde. Da aber ein Hotel-Neubau den Turm verdeckte, übernimmt seit 1974 das Hotel die Aufgabe des Leuchtturms. Es blinkt nun in 115 Metern Höhe und ist somit das höchstgelegene Leuchtfeuer Europas.

In Rendsburg gibt es eine Fähre, die an vier Tragseilen an einer Hochbrücke aufgehängt ist und in 1,5 Minuten über den 135 Meter breiten Nord-Ostsee-Kanal schwebt.

1962 öffnete in Flensburg der erste Sexshop der Welt unter dem Namen »Fachgeschäft für Ehehygiene«.

In Flensburg entlang der dänischen Grenze entstand auf den Ausflugsdampfern, wo sich deutsche und dänische Dialekte miteinander vermischten, eine eigene Mundart, eine Mischung aus Deutsch, Plattdeutsch, Dänisch und Plattdänisch. Eine Dauerkarte für den Ausflugsdampfer hieß »Partoutkarte«, aus dem französischen Wort für »immer«: *partout*, woraus dann »Patuhkarten« wurden und »Patuh« der Name der Mundart.

Die typischen kleinen Steine aus Feuerstein mit einem oder mehreren Löchern, die an Ostseestränden zu finden sind, heißen »Hühnergott«.

Die größte lebende Eulensammlung der Welt und die größte lebende Storchensammlung Europas befinden sich in Niendorf bei Timmendorfer Strand.

Je weiter man sich nach Osten bewegt, desto geringer wird der Salzgehalt der Ostsee.

Das größte tropische Aquarium Deutschlands befindet sich auf der Insel Fehmarn. Es gehört zu den größten Aquarienanlagen Europas.

Die Fehmarnsundbrücke, welche die Insel Fehmarn mit dem Festland verbindet, ist manchmal für leere Lkw- und Wohnwagengespanne gesperrt: Bei Windstärken ab 17 Meter pro Sekunde werden die Fahrer durch aufklappbare Schilder aufgefordert, ihre Vehikel zu den Auffangparkplätzen zu beiden Seiten der Brücke zu bringen.

Die Verballhornung kommt aus Lübeck: Im Jahr 1586 verlegte der Buchdrucker Johann Balhorn das Lübecker Stadtrecht, die Lübeckischen Statuta, neu, wobei er einige Fehler hineinarbeitete, die vorher nicht da gewesen waren. »Verbessert durch Balhorn« ging dann in den Sprachgebrauch über und hat sich zur »Verballhornung« entwickelt. Es gibt allerdings auch die Theorie, dass die Fehler auf zwei Juristen des Stadtrates zurückzuführen sind und Johann Balhorn völlig zu Unrecht in Verruf geraten ist.

In Nordfriesland wohnen fast so viele Schafe wie Menschen, nämlich ungefähr 160.000.

Auf Sylt gibt es eine eigene Mundart, sie heißt Sölring und wird noch von einigen Hundert Menschen gesprochen.

Auf dem weitgehend baumlosen Sylt gibt es statt einem Weihnachtsbaum den Jöölboom: ein Holzgestell, an den ein Kranz aus immergrünen Zweigen gebunden wird.

Das Wappentier von Sylt ist der Hering.

Rund um Sylt und die übrigen nordfriesischen Inseln wurde 1999 das erste Walschutzgebiet Europas ausgerufen. In dem Gebiet leben etwa 6000 Schweinswale, die man vor der Küste vom Weststrand Sylts beobachten kann.

Wenn man als Autofahrer auf Sylt einem Schaf begegnet, muss man anhalten, weil das Schaf »Vortritt« hat.

Auf der ganzen Welt gibt es nur zehn Halligen. Sie alle befinden sich im nordfriesischen Wattenmeer von Deutschland und bilden eine Art Kreis um die Insel Pellworm: Oland, Langeneß, Gröde, Habel, die Hamburger Hallig, Hooge, Nordstrandischmoor, Norderoog, Süderoog und Südfal.

Brandenburg

In Brandenburg liegt eine 500 Hektar große, sandige Wüste, die Lieberoser Wüste, auch »Klein-Sibirien« genannt. Sie ist die größte Wüste Deutschlands und entstand durch einen großen Waldbrand im Jahr 1942.

Die Aldi-Filiale in Potsdam hat eine Bootsanlegestelle.

Seit das Kraftwerk Oberhavel nicht mehr in Betrieb ist, ist die Größe der Fische im Teufelsseekanal deutlich zurückgegangen.

Die Kulturlandschaften von Potsdam wurden 1990 von der UNESCO als größtes Ensemble der deutschen Welterbestätten in die Liste des Weltkultur- und Naturerbes der Menschheit aufgenommen.

Im Lausitzer Braunkohlerevier im Südosten Brandenburgs und im Nordosten Sachsens sind die größten beweglichen technischen Arbeitsmaschinen der Welt im Einsatz. Die Maschinen heißen F60 und sind bis zu 80 Meter hoch und 240 Meter breit. Es handelt sich dabei um Abraumförderbrücken, die das Material – den Abraum – über dem Kohleflöz abtransportieren. Mit einer Länge von 502 Metern werden sie auch als »liegender Eiffelturm« bezeichnet.

Während des Zweiten Weltkriegs fielen bei 13 Angriffen auf Oranienburg pro Quadratkilometer über 10.000 Bomben, mehr als in jeder anderen deutschen Stadt.

Beim Brandenburger Zehntstreit von 1210 bis 1238 ging es darum, ob die Markgrafen oder die Bischöfe von Brandenburg diese Steuer erhalten sollten.

Eisenhüttenstadt hieß bis 1961 Stalinstadt.

Tom Hanks besuchte während Dreharbeiten in Potsdam-Babelsberg als Tourist Eisenhüttenstadt und machte das Städtchen später in der TV-Show von David Letterman als »Iron Hut City« bekannt.

Aus Eisenhüttenstadt stammt eine Konservierung der besonderen Art: Thorsten Jahn füllte dort Trabi-Duft in Dosen. Mit einer alten Grillzange hielt er für zehn Sekunden einen Wattebausch in das Auspuffrohr eines Trabis und füllte diesen in eine Blechbüchse. Beim Öffnen entfaltete sich der typische Geruch aus verbranntem Öl-Benzin-Gemisch, der inzwischen aus dem Straßenverkehr verschwunden ist.

15 Prozent der Einwohner Potsdams sind Studenten.

Ein Drittel der Einwohner Potsdams hat einen Hochschul- oder Fachschulabschluss, der Anteil der Universitätsabsolventen beträgt 17 Prozent – im Bundesdurchschnitt sind es lediglich 9 Prozent.

Die Filmuniversität Babelsberg Konrad Wolf ist die älteste und größte Medienhochschule Deutschlands, das älteste Großfilmstudio der Welt, das flächenmäßig größte Filmstudio in Europa und seit 2014 eine Universität.

Günther Jauch wohnt in Potsdam.

In Potsdam gibt es mehrere Obelisken, Pyramiden und Sphinxe.

Im Krankenhaus Eberswalde legte der Assistenzarzt Werner Forßmann im Jahr 1929 als Erster einen Katheter bis in den Vorhof des Herzens, und zwar bei sich selbst. Die Leistung kommentierte der berühmte Ferdinand Sauerbruch mit dem Tadel, dass solche »Kunststücke in einen Zirkus gehören, aber nicht in eine anständige deutsche Klinik«.

2001 wurde während den Vorbereitungen für die Bundesgartenschau im Volkspark Potsdam ein zwei Meter hoher Leninkopf gefunden, den die Rote Armee vor ihrem Abzug auf dem Gelände vergraben hatte.

Der Jumbojet »Potsdam«, der die deutsche Fußballweltmeistermannschaft von 2014 aus Brasilien zurück nach Deutschland brachte, erhielt für diesen Flug die Aufschrift »Siegerflieger, Fanhansa«.

Vicco von Bülow alias Loriot kam aus Brandenburg an der Havel.

Im Südosten Brandenburgs wird auch Niedersorbisch gesprochen, was eine westslawische Sprache ist, und im Norden ist noch Niederdeutsch zu hören.

Ein paar Zahlen auf Niederdeutsch:

1. een/ein
2. twee/twei
3. der/drei
4. veer
5. fief
6. söss/sess/soss
7. söben/söven
8. acht
9. negen

10. teihn
11. ölben/ölven/olben
12. twölf/twolf/twalm

Wörter, die aus dem Niederdeutschen in die deutsche Standardsprache übernommen wurden:

- Bernstein
- Fliese (Kachel)
- Laken (Leintuch)
- Lappen (Lumpen)
- Mettwurst (niederdeutsch »Mett« = Fleisch, speziell gehacktes Schweinefleisch)
- Möwe
- Spuk (Geistererscheinung)
- Ufer (anstelle von hochdeutsch »Gestade«)
- Hafen (anstelle von hochdeutsch »Lände«)
- Ware (anstelle von hochdeutsch »Kaufmannsgut«)
- knabbern
- kneifen (jüngere verhochdeutschte Form des niederdeutschen »kniepen«)
- schmuggeln
- verrotten (verfaulen)
- wringen (ringen)
- binnen (innerhalb; vgl. binnen … Minuten; Binnenschifffahrt)
- echt (ursprünglich niederdeutsch für »gesetzmäßig«)
- sacht (sanft)

In Brandenburg (und in Bremen, Schleswig-Holstein und Hamburg) dürfen Jugendliche ab 16 Jahren bei den Landtagswahlen wählen gehen.

In Brandenburg gibt es über 3000 Seen und 33.000 Kilometer Fließgewässer.

Potsdam ist der führende Biotech-Standort in Deutschland.

In Brandenburg an der Havel entstand zu Ehren Loriots ein »Waldmopsmuseum«, bestehend aus einem Sockel ohne Denkmal, nur mit den Fußstapfen des Ehrenbürgers der Stadt, sowie acht bronzenen, gehörnten Waldmöpsen und Informationstafeln. Dies bezieht sich auf einen Sketch von Loriot, in dem er über die Waldmöpse referiert: »Der Mops genießt heute einen zweifelhaften Ruf als ringelschwänziges Schoßtier. Das war nicht immer so.« Daraufhin schildert Loriot, dass nur noch wenige wilde Möpse in unbewohnten Waldungen Nordschwedens leben – zu sehen sind dabei riesige Elche und Möpse mit einem kleinen Geweih auf dem Kopf.

Wer durch die Uckermark reist, kann in Afrika landen: Nach dem Zweiten Weltkrieg siedelten sich Flüchtlinge aus den ehemaligen deutschen Gebieten an und bauten sich Behelfsunterkünfte, nämlich Blockhäuser mit niedrigen Fenstern und mit Erde bedeckten Dächern. Der Volksmund nannte den Weiler prompt »Afrika«, und nach der Wende setzten sich die Bewohner dafür ein, dass sich die Siedlung offiziell so nennen darf.

Cottbus war lange Zeit ein wichtiger Knotenpunkt des Kutschverkehrs zwischen Sachsen und Preußen. Täglich fuhren zwölf Postkutschen vor, sie waren für viele Leute, die sehnsüchtig auf gute Nachrichten hofften, Glücksbringer. Aus dieser Zeit stammt auch der Zungenbrecher: »Der Cottbuser Postkutscher putzt den Cottbuser Postkutschkasten.«

Neu-Seeland ist eine Gemeinde in Brandenburg.

In Stölln im Havelland befindet sich der älteste Flugplatz der Welt: Vor über 120 Jahren nutzte Otto Lilienthal diesen Flugplatz für seine erfolgreichen Flugversuche.

»Herr von Ribbeck auf Ribbeck im Havelland« von Theodor Fontane war Brandenburger:

Herr von Ribbeck auf Ribbeck im Havelland,
Ein Birnbaum in seinem Garten stand,
Und kam die goldene Herbsteszeit
Und die Birnen leuchteten weit und breit,
Da stopfte, wenn's Mittag vom Turme scholl,
Der von Ribbeck sich beide Taschen voll.
Und kam in Pantinen ein Junge daher,
So rief er: »Junge, wiste 'ne Beer?«
Und kam ein Mädel, so rief er: »Lütt Dirn,
Kumm man röwer, ick hebb 'ne Birn.«

So ging es viel Jahre, bis lobesam
Der von Ribbeck auf Ribbeck zu sterben kam.
Er fühlte sein Ende. 's war Herbsteszeit,
Wieder lachten die Birnen weit und breit;
Da sagte von Ribbeck: »Ich scheide nun ab.

Legt mir eine Birne mit ins Grab.«
Und drei Tage drauf, aus dem Doppeldachhaus,
Trugen von Ribbeck sie hinaus,
Alle Bauern und Büdner mit Feiergesicht
Sangen »Jesus meine Zuversicht«.
Und die Kinder klagten, das Herze schwer:
»He is dod nu. Wer giwt uns nu 'ne Beer?«

So klagten die Kinder. Das war nicht recht.
Ach, sie kannten den alten Ribbeck schlecht;
Der neue freilich, der knausert und spart,
Hält Park und Birnbaum strenge verwahrt.
Aber der alte, vorahnend schon
Und voll Mißtrauen gegen den eigenen Sohn,
Der wußte genau, was er damals tat,
Als um eine Birn' ins Grab er bat,
Und im dritten Jahr aus dem stillen Haus
Ein Birnbaumsprößling sproßt heraus.

Und die Jahre gehen wohl auf und ab,
Längst wölbt sich ein Birnbaum über dem Grab,
Und in der goldenen Herbsteszeit
Leuchtet's wieder weit und breit.
Und kommt ein Jung' übern Kirchhof her,
So flüstert's im Baume: »Wiste 'ne Beer?«
Und kommt ein Mädel, so flüstert's: »Lütt Dirn,
Kumm man röwer, ick gew' di 'ne Birn.«

So spendet Segen noch immer die Hand
Des von Ribbeck auf Ribbeck im Havelland.

Der Stumpf des Birnbaums des Herrn Ribbeck auf Ribbeck im Havelland ist in der Dorfkirche von Ribbeck ausgestellt.

Von April bis Oktober wird in Lübbenau im Spreewald bis zum Ortsteil Lehde die Post auf dem Wasserweg zugestellt. Der Postbote kommt in einem gelben Postkahn, der nicht mit einem Motor, sondern mit einer Stange stakend bewegt wird.

Im Spreewald existieren rund 18.000 Tier- und Pflanzenarten.

Bekanntester Export aus dem Spreewald sind wohl die eingelegten Gurken, so heißt es beim jährlichen Spreewald-Marathon auch beim Start »Auf die Gurke, fertig, los«.

In der Cottbuser Spree zwischen Döbbrick und Schmorgrow leben Wasserbüffel, Auerochsen und Tarpane (europäische Wildpferde).

In Lychen in der Uckermark wurde die Reißzwecke erfunden. Auf der Halbinsel im Wurlsee steht daher eine 2,50 Meter große Stele aus Stahl, die von einer Riesen-Reißzwecke gekrönt wird.

Albert Einstein schrieb seinem damals in Paris lebenden Sohn: »Pfeif auf die Welt, komm nach Caputh.« In Caputh im Landkreis Potsdam residierte der Physiker von 1929 bis 1932 in einem Holzhaus am Waldrand mit einem damals noch unverbauten Blick über das Dorf und den von der Havel gespeisten Templiner See.